씨네프레소

씨네프레소

초 판 1쇄 2023년 05월 15일
초 판 2쇄 2023년 05월 31일

지은이 박창영
펴낸이 류종렬

펴낸곳 미다스북스
본부장 임종익
편집장 이다경
책임진행 김가영, 신은서, 박유진, 윤가희

등록 2001년 3월 21일 제2001-000040호
주소 서울시 마포구 양화로 133 서교타워 711호
전화 02) 322-7802~3
팩스 02) 6007-1845
블로그 http://blog.naver.com/midasbooks
전자주소 midasbooks@hanmail.net
페이스북 https://www.facebook.com/midasbooks425
인스타그램 https://www.instagram/midasbooks

ISBN 979-11-6910-226-1 03680

값 20,000원

미다스북스는 다음세대에게 필요한 지혜와 교양을 생각합니다.

박창영

지음

영화 속 인생 상담소

씨네프레소

미다스북스

추천사

본다는 것.

같이 본다는 것.

같이 보고 수다를 나눈다는 것.

같이 보고 수다를 나누며 내 것으로 간직한다는 것.

우리가 영화든 드라마든 어떤 감상을 한다는 것은 그 감상을 온전히 내 것으로 간직해가는 여정이라고 볼 수 있겠습니다.

박창영 기자의 〈씨네프레소〉는 에스프레소의 향기가 배어 있는 오래된 카페에 인생의 여러 모습들이 배어 있듯 영화와 드라마 그리고 인생의 모습이 배어 있는 귀한 책입니다.

한번 보고, 같이 또 보고, 거기에 소중한 사람들과 수다를 더해가며 내 것으로 해석해서 간직해가는 과정을 독자여러분도 만들어가시길 소망하며 〈씨네프레소〉의 일독과 그 안에 정성 들여 선택하고 담은 30여 작품의 감상도 독자 여러분들께 권해봅니다.

그 안에는 독자 여러분들께서 온전히 내 것으로 간직해나갈 수 있도록 도와주는 소중한 수다와 통찰이 기다리고 있습니다. 지난 몇 년, 같이 본다는 것보다는 혼자 보는 것에 어쩔 수 없이 익숙해져버린 우리에게 같이 보는 경험, 그리고 수다와 통찰을 더하는 소중한 책이 될 것입니다.

프롤로그

대학에 다닐 때 러시아 문학 수업을 들은 적이 있습니다. 과제로 러시아 연극을 보러 갔는데, 두 배우가 정면을 바라본 채 한 시간 넘게 수다를 떠는 작품이었습니다. 무대 배경 한 번 바꾸지 않은 채 내내 대화만 나누는 연극을 보고 난 뒤, 그 시간에 어떻게 의미를 부여해야 할지 고민됐습니다. 그날 작품을 설명해주신 분께 들은 말이 마음에 오래 남았습니다.

"러시아 사람들은 문학이나 연극을 볼 때, 단 한 줄의 글귀나 대사만 마음에 들어도 좋은 작품으로 평가한다고 해요."

러시아 사람들이 실제로 그런지는 잘 모르겠습니다. 하지만 저는 그 이후 '러시아 사람'처럼 영화를 보려 노력했습니다. 러닝타임 내내 균질하게 좋은 작품이 아니더라도 마음에 꽂히는 한 장면이 있으면 오랫동안 품었습니다. 그 대사가, 그 쇼트가, 그래서 결국 그 영화가 내게 와닿은 이유를 생각했습니다. 어떨 때 영화는 내게 위로의 말을 건네기도 하고, 어떨 때는 정신 차리라고 직언하는 것 같기도 했습니다.

저는 그렇게 생각합니다. 영화가 천만 관객을 동원했는지, 칸영화제에서 수상했는지는 작품의 의미를 설명하는 가장 부차적인 정보입니다. 천만 명이 봤다고 한들 결국 단 한 명인 내 마음을 움직이지 못했다면 무슨 의미가 있을까요. 반면, 천만 명이 외면했더라도 우리 마음에 단 한 칸을 차지할 감동이 있다면 좋은 영화가 될 것입니다.

책에 실은 30여 편의 리뷰는 인생을 돌아보게 할 만한 영화와 드라마를 대상으로 작성했습니다. 예술성, 오락성을 기준으로 작품의 완성도를 평가하는 대신 감독과 작가가 강조하는 핵심 메시지를 살펴보는 데 초점을 맞췄습니다. 그 메시지를 인생에 적용해볼 수 있을지 여러 각도로 고민했습니다. 주인공이 자신에게 실망스러운 모습을 보여준 친구들을 품어내는 〈문라이트〉를 볼 땐, 너그럽지 못해 친구를 품지 못한 어린 시절의 저를 돌아봤습니다. 어디에도 쓸모없다고 여겼던 재능들로 인해 절체절명의 위기에서 생존하는 〈플래닛 테러〉 주인공을 보면서는 '시간을 헛되이 보냈다'며 자주 아쉬워하는 태도를 반성했습니다. 〈인크레더블2〉를 볼 때는 이제 돌이 된 아들을 히어로의 마음으로 키워내겠다고 다짐했습니다. 이번에 소개한 작품들에서 독자 여러분도 아주 개인적인 감동을 찾길 바랍니다.

1년 반가량 '씨네프레소'를 연재하며 매주 독자들과 수다를 떤다는 생각으로 글을 준비했습니다. 사실 제게 영화를 본다는 건 늘 수다와 연결돼 있었습니다. 일곱 살 무렵 극장에서 〈피터팬〉을 보고 나오며 어머니께 후크선장과 똑딱 악어에 대해 떠들던 기억부터, 중고등학교 시절 친구들과 비디오로 영화를 본 뒤 서로 얘기하겠다고 말을 끊던 모습, 동아리 방에 모여 어제 본 작품에 대해 열띤 토론을 펼치던 동아리원의 얼굴들. 시절마다 작품을 놓고 열변하던 친구들의 목소리가 귓가에 맴돕니다. 또 하나의 수다를 더하길 바라는 마음으로 책을 띄웁니다.

2023년 5월, 박창영

1.
손절의 시대, 인간관계 어떻게 정리할까

2.
꼬여버린 인생, 어디서부터 풀어야 할까

3.
가깝고도 먼 가족, 무엇이 문제일까

4.

복잡한 세상, 편견 없이 바라볼 수 있을까

5.

이기주의 팽배한 세상, 먼저 손 내밀 수 있을까

6.
거리 두는 사회, 진심을 어떻게 전할까

*작품의 왓챠피디아 및 로튼토마토 평점은 2023년 4월 7일 기준입니다.

1.

손절의 시대, 인간관계 어떻게 정리할까

요즘엔 인간관계를 끊을 때 '손절'이란 비유적 표현을 많이 씁니다. 오히려 절교나 결별 등 원관념을 손절이란 어휘가 대체해버리는 모습입니다. 친구와 가족, 애인이 내게 준 피해가 이익보다 큰지를 정확하게 계산해서 주식처럼 정리하는 게 가능할까요. 장기적으로 인생에 도움이 될까요. 주인공이 자신의 인간관계를 회의하는 작품을 담아봤습니다.

1) 영화 〈시네마 천국〉

– 서로의 결핍 이해하기

장르: 드라마 · 멜로 | 감독: 쥬세페 토르나토레 | 출연: 필립 느와레, 살바토레 카시오, 자크 페렝 |
평점: 왓챠피디아(4.3/5.0) 로튼토마토 토마토지수(90%) 팝콘지수(96%)

　라틴 아메리카 문학을 대표하는 작가 호르헤 루이스 보르헤스는 "천국은 아마 도서관 같을 것"이라고 말했다. 독서광다운 상상이었다. 50대에 선천성 약시로 실명한 뒤에도 서점직원 도움으로 독서했다고 알려질 정도로 책을 사랑했던 보르헤스로선 책이 없는 천국을 그리긴 어려웠을 것이다. 그는 책으로 빚어진 사람, 어쩌면 책 그 자체였던 것이다.

〈시네마 천국〉(1988)은 영화로 빚어진 두 남자에 대한 이야기다. 동네 소극장 '시네마 천국'(Cinema Paradiso)에서 영사 기사로 일하던 알프레도와 그에게 어깨 너머로 영사 기술을 배우던 토토를 통해 영화가 두 사람의 인생에 어떤 의미였는지 살펴본다. 영화는 그들 삶에 생기를 불어넣어줬지만, 한편으론 인생에서 중요한 것을 하나씩 포기하게 만들었다. 영화가 없었다면 더 행복해졌을지도 모를 두 남자가 상상한 천국은 영화관의 모습을 하고 있었을까.

성공한 영화감독의 텅 빈 내면

영화는 한 남자의 고독한 침실을 비춘다. 중년의 토토는 영화감독으로 대성했지만 영혼은 메말라 있다. 누구에게도 정착하지 못하는 그는 계속 다른 여자를 만난다. 여자들도 그의 부와 유명세에 이끌릴 뿐, 인간 토토를 사랑하진 않는 것 같다. 이런 그에게 고향으로부터 부고가 전해지면서 토토는 더욱 심란해진다. 그에게 영사 기술을 가르쳐줬던 알프레도가 사망했다는 소식이다. 토토는 '시네마 천국'에서 그와 쌓았던 추억, 그리고 아팠던 기억을 떠올린다.

사실 토토는 어린 시절 궁핍했다. 전쟁터에 간 아버지는 몇 년째 소식이 없었다. 하지만 결코 불행하지 않았던 것은 영화, 극장, 그리고 그곳에 모인 사람들 덕분이다. 토토네 집만큼이나 못 살던 이웃들도 영화관에 앉아선 만면에 미소가 가득하다. 토토의 욕망은 영화를 감상하며 즐거워지고 싶다는 것을 넘어 영화를 통해 다른 사람을 즐겁게 하고 싶다는 쪽으로 확장된다. 그의 시선은 입으로 영화를 내뿜는 사자머리 영사기가 있는 영사실로 향한다.

영사 기사인 알프레도는 토토에게 많은 것을 가르쳐준다. 영사 기술, 영화를 더 깊이 있게 감상하는 방법, 연애할 때의 자세, 직업을 대하는 태도 등이다. 그 와중에 토토에게 큰 신세도 지게 된다. 영화관에 불이 나 정신을 잃었을 때, 토토가 작은 몸으로 자신을 끌고 나와준 것이다. 알프레도는 비록 시각을 잃었지만 삶을 계속 찬미할 수 있게 됐다. 알프레도는 토토가 지닌 심미안이 더 넓은 세상에서 빛을 발할 수 있도록 지지함으로써 그에게 진 빚을 갚으려 한다.

영사 기사 알프레도(왼쪽)와 토토(오른쪽)는 영화를 매개로 우정을 쌓아간다. 〈출처=IMDb〉

알프레도는 여러 방법을 통해 토토가 이 마을에 남아 있어선 안 된단 메시지를 전달한다. 토토가 엘레나라는 여자와 사랑에 빠졌을 때, 알프레도가 들려준 이야기가 그렇다. 어느 공주가 자신을 흠모하는 보초병에게 100일 간 한자리에서 본인을 기다리면 만나주겠다고 약속한다. 병사는 무려 99일 동안 잘 기다리다가 마지막 하루를 채우지 않고 그곳을 떠난다. 알프레도는 그 이유를 설명해주지는 않는다. 극장판을 기준으로 말해보자면 병사가 단 하루를 못 채우고 그곳을 떠난 속내는 끝까지 수수께끼로 남는다. (*감독판에서는 토토가 그 이유를 해석하는 부분이 나오지만, 이로 인해 여백의 미가 줄어드는 인상이 없지 않다.)

여러 해석이 가능하겠지만, 그것은 아마 조건을 충족해야만 쟁취할 수 있는 사랑은 하지 말라는 얘기였을 것이다. 병사는 자신이 100일을 기다리는 동안 공주도 자신과 같은 마음이 되길 바랐던 것이지, 자신의 정성에 대한 보상을 받고 싶었던 것이 아니다. 그러나 공주가 90일이나 99일이 아닌 100일에 문을 열게 됐을 때, 병사는 자기 마음이 받아들여진 것인지 아닌지 판단하기가 어려워진다. 왜냐면 그것은 앞서 공주가 내걸었던 조건이 충족됨에 따른 보상일 수 있기 때문이다. 꼬박 100일을 기다려야 마음을 받아주겠다는 자존심 상하는 조건을 받아들이며 병사가 사랑을 표현했듯, 공주도 자신의 사랑을 온전히 전하기 위해선 100일이란 자기 기준이 차기 전에 문을 열었어야 한다. 사랑하는 사람이 비바람을 맞으며 100일이나 자신을 기다리는 모습이 안타까워서라도 말이다.

알프레도는 토토가 은행장의 딸인 엘레나와 연애하게 됐을 때, 사회적 지위와 부의 차이로 토토가 수많은 '조건절'을 맞닥뜨리게 될 것이 걱정되지 않았을까. 상대방의 조건을 맞추기 위해서 끊임없이 투쟁하듯 사랑해야 하는 상황 말이다. 그렇기에 알프레도는 토토에게 마을을 떠나라고 권한다. 아들처럼 아꼈던 토토가 누군가의 선택을 하염없이 기다리는 존재가 되기보단, 선택할 수 있는 사람이 되길 바랐을 것이다. "로마로 가. 넌 세상을 거머쥘 수 있어. 여기서 너랑 수다 떨기 싫다. 멀리서 네 명성만 듣고 싶어." 그토록 아꼈던 토토를 자신의 곁에 머물지 못하게 함으로써, 알프레도는 자기 방식으로 사랑을 완성한다.

더 이상 상영되지 않는 필름처럼, 폐허가 돼버린 내 추억

중년이 된 토토는 그때 알프레도의 결정이 옳은 것이었는지 확신할 수 없다. 자신을 엘레나, 그리고 고향과 갈라놓은 알프레도의 결단으로 토토는 부와 명성을 얻게 됐지만, 누구와도 진정한 사랑을 나눌 수 없게 됐기 때문이다. 토토는 알프레도의 장례를 위해 며칠간 고향에 머무는 동안 자신의 모든 추억이 허물어지는 것을 본다. 누구도 찾지 않는 영화관에서 할 일을 잃은 사자머리 영사기는 바닥에 떨어져 있고, 걸리지 않은 필름은 낙엽처럼 나부낀다.

장례를 마치고 로마로 돌아온 토토는 알프레도가 자신에게 남겼다는 필름을 확인한다. 아마 그 선물을 품에 안은 순간부터 그는 작은 갈등에 빠졌을 것이다. 그 안에 알프레도가 어떤 메시지를 남겼을지 무척 궁금

"매일 밤 너의 집 앞에서 기다릴게.
네 창문을 바라볼게.
네가 맘이 바뀌면 창문을 열어줘."(토토)

토토(왼쪽)는 엘레나를 사랑했지만, 알프레도는
이 사랑이 토토를 망칠 것이라 생각했다. 〈출처=KMDb〉

하지만, 한편으로는 그것을 확인하고 싶지 않은 마음이다. '알프레도도 사실 나랑 마찬가지로 생각하고 있었으면 어쩌지. 사랑 대신 일을 선택하게 해서 정말 미안하다는 말이 담겨 있으면 어떻게 해야 할까. 알프레도마저 그렇게 느꼈다면 내가 지금껏 질주하듯 살아온 인생은 어디에서 의미를 찾아야 할까.'

그러나 막상 스크린에 영사한 알프레도의 선물에선 온갖 키스신이 나온다. 그건 과거 키스 장면에 대한 검열이 심했을 때, 알프레도가 잘라서 모아뒀던 필름을 이어 붙인 것이다. 자신에게 그 필름을 달라는 어린 토토의 성화에 알프레도는 지나가는 말처럼 나중에 주겠노라고 약속했다. 알프레도는 그 말을 잊지 않고 있다가 토토에게 필름을 남긴 것이다.

이 '키스 몽타주'는 마음에 울림을 준다. 알프레도가 오랫동안 그리워했던 건 직업 또는 사랑에 성공한 친구의 얼굴이 아니라, 좋은 영화를 보고 웃고 슬퍼하고 감동하는 그 얼굴이었던 것이다. 이 필름은 되는 대로 이어 붙인 게 아니라 알프레도가 토토에게 보여주기 위해 편집 작업을 거친 것으로 보인다.

키스 장면 사이사이에 존재하는 리듬감도 그렇지만, 무엇보다 마지막에 등장하는 '끝(FINE)'이라는 문구 때문이다. 아마 그는 이 필름을 통해 이렇게 말하고 싶지 않았을까.

"토토야. 네가 어렸을 때 달라고 했던 키스 신 필름 있잖아. 이어놓고 보니깐 진짜 볼 만하더라. 혼자 보기 아까워서 남긴다."

토토가 로마에 가서 온갖 명작을 보며 알프레도를 그리워할 때, 알프레도도 고향에서 영화를 보며 토토를 추억하고 있었던 것이다. 크나큰 성공에도 불구하고 인생이 부정당하고 있는 듯한 기분을 받았던 토토에게 그것은 어떤 국제 영화제에서의 그랑프리와도 비교할 수 없는 상이었다. 그건 그가 지금껏 사랑했던 모든 영화가 자신에게 다가와 존경의 입맞춤을 남기는 경험이었을 것이다.

시네마 천국으로 떠난 중년의 토토

우리의 마음엔 늘 결핍이 있다. 우리는 레고를 맞추듯 어느 날 마침내 결핍을 다 채우는 데 성공하는 게 아니다. 바람과 파도에 깎여 나간 부분을 매번 손질하듯 계속해서 결핍을 채우며 살아가야 한다. 중년이 된 토토 역시 내면의 공허감으로 알프레도를 잠시 원망하기도 했지만, 아마 사랑을 택했더라도 또 다른 허무함을 느꼈을 것이다. 매 순간 최선을 다하고, 부족한 건 그 자리에서 다시 채우면 그만이다. 알프레도가 남긴 다음의 말처럼 말이다.

"무엇을 하든 그것을 꼭 사랑하고, 철부지 시절을 기억해라. 영사기 만지던 꼬마 토토처럼."

2022년 4월 21일 중년의 토토를 연기한 자끄 페렝이 별세했다. 토토처럼 그도 영화가 세상의 전부인 것처럼 원 없이 영화를 사랑하다 떠났다. 〈제트〉, 〈당나귀 공주〉, 〈모두 잘 지내고 있다오〉, 〈레미: 집 없는 아이〉

등 숱한 작품에서 열연했을 뿐 아니라 〈마이크로 코스모스〉, 〈히말라야 지도자의 어린 시절〉 등의 제작, 다큐멘터리 〈위대한 비상〉의 연출을 맡았다. 그에 앞서 세상을 떠난 알프레도 역의 필립 느와레, 음악을 맡았던 영화음악 거장 엔니오 모리꼬네와 함께 있는 그곳이 진정한 '시네마 천국'이기를 바란다.

※ 고민 있는 날, 씨네프레소 한 잔

우리는 소중한 사람으로부터 조언을 받고 중요한 결정을 내리기도 합니다. 예상보다 만족스럽지 않은 결과를 안았을 때 상대를 원망하게 되기도 하죠. 하지만 아마 다른 선택을 했더라도 후회는 남았을 겁니다. 나를 진심으로 아끼는 친구가 순간순간 최선을 다해 내게 도움말을 남겼다는 걸 기억하면, 그를 미워할 필요도 삶을 부정할 필요도 없을 것입니다.

2) 영화 〈문라이트〉
- 부족한 사람이었지만 내겐 필요한 사랑이었다

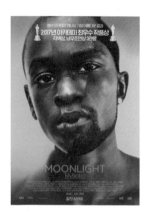

장르: 드라마 | 감독: 배리 젠킨스 | 출연: 애슈턴 샌더스, 트리반테이 로즈, 마허셜라 알리 |
평점: 왓챠피디아(3.8/5.0) 로튼토마토 토마토지수(98%) 팝콘지수(79%)

앞으로 더 큰 주가 하락을 예상해 손해를 감수하고 주식을 판다는 '손
절(손절매)'은 인간관계에서 절교를 지칭하는 단어로 의미가 확대됐다.
가치 있는 주식이라면 절대 보여주지 않았을 가격 흐름을 나타낸 종목을
계좌에서 신속히 잘라내듯, 신뢰가 있는 친구라면 절대 하지 않았을 행
동을 보여준 인간을 하루빨리 잘라낼 때 손절한다는 표현을 쓴다. 가치

를 평가할 수 있는 몇 가지 확실한 기준만 갖춘다면 투자에서 손절은 경제적인 행동이 될 수 있다. 인간관계에서도 주식 투자에서처럼 명확한 원칙을 세워 신속하게 손절해나간다면 더 행복한 삶을 살아갈 수 있을까.

성소수자·흑인·빈민인 주인공과 그를 친아들처럼 사랑해준 아저씨

〈문라이트〉(2016)는 미국 빈민촌에서 살아가는 성소수자 흑인 주인공의 성장기를 통해 인간관계의 어려움을 사유하는 작품이다. 영화는 주인공 샤이론의 인생을 유년기, 청소년기, 청년기의 3가지 챕터로 나눠 그가 주변과 어떻게 관계를 맺어 가는지 비춘다. 그리고 엄마, 친구, 아저씨 등 그의 곁에 있었던 사람들이 샤이론을 사랑하면서, 또 어떻게 아프게 했는지 살펴본다. 세상 앞에 나서기 부끄러워 늘 뒤로 숨던 주인공은 소중한 사람들이 자신에게 남긴 상처를 자양분 삼아 커가며 주변인을 돌볼 수 있는 어른이 된다.

영화는 소년 샤이론을 토끼몰이하듯 쫓는 또래 집단의 뒤를 따라가며 시작된다. 왜소하단 이유로 '리틀'이라고 불리는 샤이론이 그들을 피해 숨어들어 간 곳은 그 동네에서 큰 비즈니스를 하는 후안이 관리하는 공간이다. 소년이 굳게 걸어 잠근 문을 후안이 열어젖히며 방에 빛이 들게 하는 장면은 앞으로 두 사람 관계가 어떻게 발전할지 암시한다. 학교에선 괴롭힘당하고, 집에선 엄마에게 방치되던 샤이론은 후안에게서 사랑을 느낀다. 특히 후안이 그에게 수영을 가르쳐줄 때, 샤이론은 상대를 의

학교에서 괴롭힘 당하는 샤이론(왼쪽)은 아버지처럼 자신을 보살펴주는 후안에게 위로받는다. 〈출처=IMDb〉

심하지 않고 자신을 온전히 맡기는 관계에서의 안정감을 경험한다. 그건
친아버지에게선 받지 못했던 것이다.

섬세한 배려로 외톨이 주인공을 지지해준 친구

동네 친구 케빈은 그를 외톨이로 만들지 않는 또 다른 버팀목이다. 또래
들끼리 공을 차다 은근히 샤이론을 괴롭힐 것 같은 분위기가 조성될 때,
케빈은 장난스러운 태도로 자신에게 시선을 돌린다. 부끄러움 많은 샤이
론에게 그것은 큰 배려로 다가온다. 그가 "샤이론을 가만히 둬"라고 했다
면 오히려 샤이론에게 주의가 집중됐을 터이다. 하지만 케빈은 자신이 관
심의 중심이 됨으로써 샤이론을 불편한 눈길로부터 자유롭게 해준다.

반면 모친은 그에게 위로가 되지 못한다. 약에 절어 있는 모습으로 그에게 고함친다. 남자를 불러들여 집을 엉망으로 만든다. 정리하는 것은 항상 샤이론 몫이다. 그렇기에 샤이론은 집에 있을 때면 자신에게 친절하게 대해주던 후안과 그의 여자친구가 생각나고, 학교에서 폭력적인 동급생에게 둘러싸여 있을 땐 어디선가 케빈이 나타나진 않을까 기다리게 된다.

날 구원해준 아저씨, 우리 엄마 망친 마약상이었네

그러나 인생은 샤이론에게 느닷없이 그들에 대한 다른 이야기를 들려준다. 그에게 기둥이 돼주던 친구들도 실제론 나약한 인간이었을 뿐이란 사실이다. 어린 샤이론이 알게 되는 것은 그를 아들처럼 아껴주던 후안이 사실 엄마에게 약을 팔던 마약상이었다는 것이다. 엄마가 약에 취해 샤이론을 내쫓을 때, 후안은 언제든 그에게 방 한 칸을 내줬지만, 애초 그가 엄마에게 약을 팔지 않았더라면 샤이론이 집 밖으로 나와야 할 일이 없었을지도 모른다. 또 케빈은 결정적인 순간 그를 밀친다. 케빈은 학교에서 모두가 두려워하는 남학생과 내기하다가 샤이론을 때려야 하는 상황에 몰린다. 케빈은 샤이론과 달리 학교에서 누구와도 잘 어울리며 원만한 교우 관계를 유지했지만, 비행 청소년 패거리와 맞설 만큼 강하진 못했다. 케빈은 상황을 벗어나기 위한 목적으로 한 대 때리는 시늉만 하려 했으나 그것은 샤이론의 영혼을 할퀴기에 충분했고, 샤이론은 패거리의 우두머리 격인 아이를 의자로 내리찍어 상황을 종결시킨다. 나약했던 샤이론은 졸지에 소년원으로 끌려간다.

강해지지 않으면, 사랑하는 사람을 지킬 수 없다

3장 구성으로 이뤄진 이 영화의 각 챕터 제목은 모두 주인공의 이름이다. 1장 '리틀'은 그를 괴롭히던 이들이 붙인 별명, 2장 '샤이론'은 그의 본명, 3장 '블랙'은 케빈이 그를 불러준 애칭이다. 2장에서 3장으로 넘어가며 주인공은 앞선 챕터에서 없었던 강인한 모습을 보여준다. 악몽을 꾼 이후 눈물을 흘리는 대신 곧바로 운동하며 몸을 단련한다. 직장 후배가 어디 가서 무시당하지 않게 하기 위해 더 혹독하게 교육한다. 근육질의 샤이론은 뒷골목 세계에서 자기 영역을 구축하고 살아간다.

그건 샤이론이 성장 과정에 깨달은 한 가지 때문인 것으로 보인다. 바로 착하기만 해서는 사랑하는 사람들을 지킬 수 없다는 사실이다. 그의 엄마는 속으론 아들을 많이 사랑했음에도 정신이 약해서 아들을 지키지 못했다. 케빈 또한 샤이론을 사랑했지만, 충분히 강하지 못했기 때문에 결정적인 순간에 친구를 배신했다. 샤이론은 가족과 친구가 필요로 할 때 적절한 도움을 주기 위해선 자신이 강해져야 한다고 마음에 새기게 됐다. 이제 그는 비록 떳떳하지 못한 직업을 갖고 있을지언정, 주변인을 보호할 수 있다.

쉽게 손절을 결단하기 전에 너그럽게 바라보기

샤이론이 깨달은 건 그뿐만이 아니다. 그는 유년기에 자신에게 사랑을 주지 못한 엄마, 그리고 청소년기에 자신을 내친 친구 케빈을 차례로 찾는다. 그리고 두 사람이 과거 자신에게 준 상처와 상관없이 그들을 보듬는다. 비록 부족한 사람이었지만, 모두 그가 특정한 순간을 살아갈 수 있

샤이론(왼쪽)은 자신을 중요한 순간 배신했던 케빈을 찾아간다. 그는 자기만큼이나 케빈도 나약했던 사실을 알기에 이제 친구를 품을 수 있다. 〈출처=IMDb〉

"한번은 어떤 할머니가 날 잡더니 그러는 거야.
'달빛을 쫓아 뛰어다니는구나.
달빛 속에선 흑인 아이들도 파랗게 보이지.
너도 파랗구나.'"(후안, 어린 샤이론에게)

도록 함께해준 사랑이었기 때문이다. 후안처럼 뒷골목에서 생계를 꾸리게 된 샤이론은 이제 후안을 더 깊이 이해할 수 있게 됐을 것이다. 온갖 윤리적인 인간들이 샤이론의 고통을 외면할 때, 윤리적이지 못한 직업을 갖고 있었던 후안은 자신을 살게 해준 것이다.

후안의 어린 시절, 한 할머니가 바닷가에서 그에게 해줬던 이야기는 이 영화의 중요한 테마를 형성한다. "달빛 속에선 흑인 아이들도 파랗게 보이지. 너도 파랗구나." 조금 어두운 곳에서 보면 다들 푸르게 보이듯이, 조금만 너그러운 마음으로 보면 인생은 대부분 비슷하다는 이야기가 아닐까. 조금만 관대한 눈으로 주위를 바라보면 더 풍성한 삶을 살아갈 수 있다는 것이다. 쉽게 손절을 고민하기 전에 말이다.

※ 고민 있는 날, 씨네프레소 한 잔

후안 아저씨와 케빈 모두 주인공 샤이론이 힘든 시기에 손을 내밀었습니다. 그의 가장 나약한 모습을 보고도 친구가 돼준 것입니다. 샤이론은 두 사람이 자신을 아프게 한 뒤에도 '손절'하지 않습니다. 두 사람이 연약한 자신을 받아줬듯 샤이론도 두 사람의 약한 모습을 품은 것입니다.

3) 영화 〈밀리언 달러 베이비〉
– 사랑은 응답으로 완성된다

장르: 드라마·스포츠 | 감독: 클린트 이스트우드 | 출연: 클린트 이스트우드, 힐러리 스웽크 |
평점: 왓챠피디아(3.8/5.0) 로튼토마토 토마토지수(90%) 팝콘지수(90%)

친구와 어떻게 친해졌는지 그 계기를 기억해내는 건 생각보다 쉽지 않
다. 같은 학급으로 배정됐거나, 회사에 함께 다녔거나, 다른 친구의 소개로
만나거나 했을 텐데, 정확히 언제 무슨 일로 가까워졌는지는 떠올리기 만
만치 않은 경우가 많다. 친구를 사귄다는 건 연인을 만나는 것과는 완전히
달라서 고백을 하고 받아들여지거나, '우리 오늘부터 1일이다.'라고 확인하

는 과정이 없어서일지 모른다. 대부분의 친구는 내가 인지하지도 못한 가운데 삶에 자연스럽게 스며들어 인생의 중요한 부분에 자리하고 있다.

반면, 친구가 떠나는 순간은 그와 어떻게 친해졌는지보다 떠올리기가 수월한 편이다. 상대방이 전학을 가거나 이직하고, 서로 실망시킬 만한 사건이 계기가 돼 큰 싸움으로 이어지기도 한다. 친구에게 '오늘부터 친구 하자'고 얘기하는 경우는 아주 어릴 때를 제외하곤 드물어도, '이제 그만 보자'고 절교 선언을 하는 경우는 꽤 된다. 그럴 때 우리는 인간적으로 큰 배신감을 느낄 수 있다. 그와의 관계가 끊어짐으로 인해서 그에게 내줬던 내 마음의 공간까지 도려내지는 기분을 받기 때문이다.

'여자 안 가르친다'던 마초, 여 제자 받아 스타로 키우다

영화 〈밀리언 달러 베이비〉(2004)의 주인공 프랭키 던(클린트 이스트우드)은 그런 면에서 좀 억울할 것 같다. 복싱 트레이너인 그는 여 제자를 절대 안 받는다는 주의지만, 매기 피츠제럴드(힐러리 스웽크)가 계속 사정하는 통에, 그녀를 가르치고 마음을 내준다. 하지만, 어느 날 큰 스타로 성장한 제자는 그를 떠나겠다고 통보한다. 그로서는 "왜 마음이 없는 나를 졸라서 제자가 된 뒤 나를 떠나겠다고 하느냐."라는 원망이 생길 것이고, 동시에 "나는 왜 더 모질지 못해서 그에게 인생의 소중한 시간을 내주고 말았는가."라는 후회를 할 수 있을 것이다.

이야기는 낡은 체육관을 운영하며 복싱 선수를 키우는 프랭키에게 어느 날 매기가 찾아오며 시작된다. 여자 제자를 두지 않는 프랭키는 매기를 계속 외면한다. 어쩌면 자신의 실제 딸과 맺고 있는 소원한 관계를 자꾸 떠오르게 하기 때문인지도 모른다. 그러나 매기는 계속해서 체육관에 찾아와 연습하고, 프랭키는 어느 순간부터 그녀가 눈에 밟힌다. 그가 갑자기 마음의 빗장을 내리는 건 특별한 계기가 있어서는 아니다. 매기는 프랭키가 밀어내도 계속 언저리를 맴돌며, 그의 마음 한쪽에 자리 잡은 것이다.

서른두 살인 매기는 신인으로 데뷔하기엔 너무 늦은 나이다. 하지만 타고난 운동 신경과 근면함으로 빠르게 성장한다. 경기를 거듭할수록 둘은 가까워진다. 가족에게 따뜻한 말 한마디 듣지 못하면서도 계속 그들을 위해 송금하는 매기를 프랭키는 안쓰럽게 여기고, 딸에게 매주 편지를 쓰면서도 답장 한 번 못 받는 프랭키를 매기는 가엾게 생각한다. 호적상의 가족이 둘에게 못 해주는 것들 즉, 좋아하는 음식을 나눠 먹고, 속이야기를 들어주는 일을 그들은 서로에게 해준다. 프랭키는 매기에게 '모쿠슈라'라는 링네임(복싱 선수가 경기장에서 쓰는 이름)을 붙여준다.

"모쿠슈라" 환호받던 제자, 반칙으로 전신이 마비되다

팬들은 "모쿠슈라!"라고 환호하며 그녀를 응원한다. 여기까지 봤을 때, 이 작품은 전형적인 스포츠 영화의 전개를 따른다. 초심자가 은둔 고수를 사사하고, 고생 끝에 세상의 스포트라이트를 받는 성공 스토리 말이다. 그러나 감독은 애써 쌓아 올린 서사를 단 한 번의 펀치로 무너뜨린다. 더티 플레이로 유명한 상대방과 대전하던 도중 매기는 반칙을 당하

프랭키 던(왼쪽)은 매기 피츠제럴드를 제자로 받아들인다. 영화의 초반부엔 '여자는 안 가르친다'고 하던 프랭키가 매기에게 마음을 여는 과정이 주로 묘사된다. 〈출처=IMDb〉

"모쿠슈라는 소중한 나의 혈육이라는 뜻이야."(프랭키)

고, 의자에 목을 부딪쳐 목 아래로 전혀 움직일 수 없는 전신마비가 된다. 가난해도 본인의 두 주먹으로 살아가는 것에 자부심을 갖고 살던 매기는, 병상에 누워 남의 도움에 의존해야 하는 상황에 절망감을 느낀다.

가족이 그녀를 돌보지 않을 때, 프랭키는 매기의 병상 옆에 앉아 시간을 함께 보낸다. 그녀의 욕창을 관리해주고, 다리를 자른 모습도 묵묵히 바라봐준다. 그러나 놀이공원에서 신나게 놀다 온 가족은 그녀에게 다짜고짜 서명을 요구한다. 서류엔 그녀 재산 전부를 가족에게 넘긴다는 내용이 담겼다. 손을 못 쓰는 그녀를 위해 '친절하게' 입에 볼펜을 물려준다. 그렇게 이름뿐인 가족과 결별한 뒤, 진정한 가족으로 남은 프랭키에게 매기는 부탁한다. 자신이 세상을 떠날 수 있게 도와달라는 것이다.

인간에겐 죽음의 방식을 선택할 권리가 있을까

영화는 조력사를 어떻게 봐야 할지 지극히 개인적인 방식으로 질문한다. 이 작품은 제도적으로 안락사와 존엄사를 어떻게 다뤄야 할지에 대한 이야기는 직접적으로 다루지 않는다. 대신, 가족과 떨어진 뒤 오랜만에 인간의 온기를 느껴봤을 프랭키의 시점에서 존엄사를 다룬다. 그는 처음부터 여자 제자를 받고 싶지 않았다. 그건 어쩌면 자신의 마음을 열어주고, 그로 인해서 상처받을 가능성을 원천 차단하겠다는 의지였을지도 모른다. 그러나 그의 주위를 서성이다 삶의 한가운데로 들어온 제자가 이제 자신을 떠나겠다고 한다. 그리고 두 사람의 이별을 완벽히 마무리 지을 집도의(執刀醫) 역할을 해달라고 그에게 요청하고 있다.

프랭키는 사랑이 무엇인지에 대한 질문에 직면했다. 사랑이란 상대와 함께 오랜 시간을 보내고 싶은 소망인 동시에, 상대가 원하는 인생을 살 수 있도록 지원해주는 마음이다. 그런데 상대방이 바라는 것이 이번 생을 존엄하게 마무리하는 것일 때, 나는 무엇을 해줘야 하는 것인가. 그녀가 죽는다면 상대와 함께 보내는 시간도 거기서 끝난다. 그러나 프랭키는 결국 제자가 바란 대로 삶을 끝낼 수 있게 도와주는데, 그건 바로 그가 들은 '응답' 때문이다. 그는 매주 성당을 찾아가 기도했지만, 신의 존재는 느낄 수 없었다. 매주 딸에게 편지를 보냈지만, 답장을 받은 적은 한 번도 없었다. 신과 딸을 향한 기도와 속죄는 한 차례도 응답받은 적이 없었다. 그렇기에 그는 종교에서 말하는 사랑이 뭔지, 사회에서 말하는 가족애가 뭔지 정확히 모른다. 그러나 그와 함께 레몬파이를 나눠 먹고, TV를 보며 시간을 함께 보내준 제자는 그에게 확실한 목소리로 응답한다. 내가 당신에게 원하는 한 가지는 내가 존엄하게 세상을 떠날 수 있도록 돕는 것이라고. 그는 모든 추상적인 윤리를 던져버린 채 그녀의 목소리에 응답하는 게 사랑이라고 결론 내린다. 매기가 죽을 수 있게 도우며 프랭키가 말한다. "'모쿠슈라'는 '나의 소중한, 나의 혈육'이라는 뜻이야."

2022년 봄, 프랑스 유명 배우 알랭 들롱이 '조력사'를 결정했다는 뉴스로 떠들썩했다. 한국에서도 생을 존엄하게 마감할 권리에 대한 논의는 이미 시작됐다. 아마 사회적으로 조력사 또는 안락사를 허용해야 할지, 허용한다면 그 범위는 어디까지가 돼야 할지 논의할 의제가 많을 것이다. 다만, 그것을 결정할 땐, 존엄한 죽음을 원하는 당사자, 그리고 그 목소리를 가장 가까이에서 듣는 가족의 의지가 잘 반영돼야 하지 않을까. 윤리와 철학, 종교를 논하기 전에 그것은 그들이 서로를 향한 사랑을 어떻게 완성할지를 결정하는 일이 될 테니 말이다.

※ 고민 있는 날, 씨네프레소 한 잔

우리는 어느 순간 소중한 사람을 떠나보내야 합니다. 내가 준비돼 있지 않다고 해서 상대를 계속 붙들어 둘 순 없습니다. 모든 사랑엔 이별이 포함돼 있는 거죠. 프랭키는 자기 인생에 온기를 남겨준 매기가 원하는 방식으로 떠날 수 있게 해줌으로써 사랑을 완성합니다. 지금 사랑하고 있는 우리도 언젠가 하게 될 고민일지 모르겠습니다.

4) 영화 〈연애 빠진 로맨스〉와 〈비열한 거리〉
- 인간을 수단으로만 대하지 않겠단 결심

[연애 빠진 로맨스]
장르: 로맨스·멜로 | 감독: 정가영 | 출연: 전종서, 손석구 | 평점: 왓챠피디아(3.4/5.0)
[비열한 거리]
장르: 액션·드라마 | 감독: 유하 | 출연: 조인성, 진구, 남궁민 | 평점: 왓챠피디아(3.6/5.0)

10대 미혼모의 출산을 다룬 영화 〈주노〉(2007)의 시나리오를 쓴 디아블로 코디는 해당 극본 집필 당시 미혼 출산 경험이 없었다. 그러나 스트리퍼 출신인 그는 영화가 주목받게 된 뒤 "스트리퍼일 때보다 더 발가벗은 느낌"이라고 말했다. 미혼모 주노가 작가 본인과 일대일로 대응되는 캐릭터가 아니더라도, 그 안에는 자기 성격과 특징이 많이 반영돼 있었다. 그래서 이것이 스크린에 상영됐을 때, 그는 마치 대중 앞에 벗고 선 듯한 수치심을 느꼈던 것이다.

자전적 이야기가 반영된 작품을 공개한 뒤 부끄러움을 느꼈다고 고백한 작가는 디아블로 코디뿐만이 아니다. 작가가 영화와 소설 속 인물에 자신을 반영할 때 치부를 감추고 미화하며 가다듬지만, 그럼에도 누군가가 그 캐릭터에서 자신의 숨기고 싶은 부분을 발견할까 봐 마음을 졸이는 것이다. 자전적 스토리도 이럴진대, 타인이 자신의 이야기를 스토리텔링 소재로 쓴 것을 봤을 때 기분은 어떨까. 〈연애 빠진 로맨스〉(2021)와 〈비열한 거리〉(2006)는 익명화한 이야기의 재료로 쓰인 당사자가 느끼는 수치심과 배신감을 그린 영화다.

남친이 나를 19금 칼럼 소재로 썼다

〈연애 빠진 로맨스〉는 데이팅 앱(애플리케이션)을 통해 만난 남녀의 이야기다. 외로움을 달래기 위한 목적으로 앱을 뒤지던 함자영(전종서)과 19금 칼럼 소재가 필요했던 잡지사 기자 박우리(손석구)의 만남을 그렸다. 데이팅 앱으로 괜찮은 사람을 만날 수 있을 거란 기대가 작았던 두 사람은 서로에게 급속도로 빠져든다. 그저 하룻밤을 함께 보낼 상대가 필요했던 남녀는 서로의 24시간을 궁금해하게 되고, 이전의 연애에선 느끼지 못했던 친밀감을 경험한다.

역설적이게도 두 사람이 이처럼 인간적으로 강한 호감을 느끼게 된 건 한쪽이 전적으로 솔직하지 않았기 때문이다. 박우리는 19금 칼럼을 완성하기 위해 자영에게 자꾸 질문했고, 자영은 그것이 온전히 자신을 향한 인간적 호기심에 기인한 행동이었다고 오해한다. "오늘 나한테 이상한 거 많이 물어봐줘서 고마워. 나 솔직히 얘기가 너무 하고 싶었거든."

물론 박우리에게는 변명거리가 있다. 칼럼 속 여성은 익명화됐고 직업, 거주지 등 자영을 특정할 만한 정보는 없다. 19금 칼럼으로 작성됐지만, 성관계를 묘사한 문장은 없다. 하지만 자영은 박우리가 본인들의 이야기로 칼럼을 썼다는 사실을 발견한 뒤 모멸감을 느껴 곧장 그를 떠난다. 등장인물이 특정되지 않은, 19금 묘사도 없는 19금 칼럼이지만 연인이 배신감과 수치심을 느끼기에는 충분했던 것이다.

집지사 기자인 박우리는 19금 칼럼이 필요해 데이팅 앱을 깔고, 거기서 함자영을 만난다. 〈출처=KMDb〉

본인의 이야기를 소재로 했지만 자신을 특정할 수 없는 스토리 속에서 자영이 그토록 큰 당혹감을 느끼는 원인은 뭘까. 유하 감독의 〈비열한 거리〉는 스토리텔러는 충분히 익명화했다고 생각한 이야기 속 주인공이 자신을 소재로 만든 작품을 보며 공포감에 휩싸이는 이유를 사유했다. 스물아홉 살의 병두(조인성)는 자신의 스폰서가 돼주겠다는 황 회장(천호진)을 위해 한 부장검사를 살해해서 암매장한다. 서른이 되기 전 자리를 잡아 가정을 일으켜야 한다는 부담감이 작용했을 것이다.

병두는 조직 내에서 승승장구하지만, 밤마다 죄책감에 괴로워한다. 자신과 과거 숙소 생활을 하며 동고동락했던 중간보스 상철(윤제문)까지 조직 질서를 위해 제거했기 때문이다. 그는 오랜만에 자신을 찾아온 영화감독 지망생 친구 민호(남궁민)에게 그간 가슴 한편에 썩은 물처럼 고여 있었던 이야기를 고해성사하듯 털어놓는다.

그러나 병두가 간과한 것은 자신의 친구 역시 스물아홉이라는 불안한 나이를 지나고 있었다는 점이다. 병두 자신이 스물여덟이었다면 절대 하지 않았을 살인을 스물아홉에 저질렀듯, 민호 역시 영화계에서 자리 잡아 보기 위해 어떤 소재든 갖다 쓸 수 있는 위태로운 존재였다. 병두는 자신이 검사를 죽인 이야기를 하나의 에피소드로 다룬 민호의 영화를 보고 극장 좌석에 그대로 꽂혀버리는 듯한 충격을 받는다.

배신감을 토로하는 병두에게 민호는 말한다. "솔직히 이미 다 알고 있는 사건이고 누구나 할 수 있는 이야기잖아. 너도 봐서 알겠지만 이거 네 얘기도 아니야." 아마 사실이었을 것이다. 민호가 만든 영화에서 병두의 살인을 재현한 신이 상당히 코믹하게 연출됐다는 것으로 봤을 때, 아마 병두가 검사를 죽였다는 내용은 작품의 조미료 같은 요소이지 핵심은 아니었을 것이다. 그 장면을 보고 관객들이 과거 병두의 암매장을 알아낼 것이란 추측은 민호의 말대로 기우인지도 모른다. 그렇지만 병두는 민호에게 "건달은 지가 한 실수 덮으려고 사람 하나 봐버리는 건 일도 아니야."라고 협박한다. 그건 실제로 친구를 '봐버리겠다'는 얘기가 아니라 그만큼 자신이 두려워하고 있다는 호소다.

익명화된 이야기에서 당사자가 느끼는 공포

한쪽은 연인, 다른 한쪽은 친구 관계를 그렸지만 갈등 양상은 유사하다. 상대방이 인간적 신뢰를 갖고 털어놓은 이야기를 창작자가 콘텐츠화해버린 것이다. 물론 민호에 비해서 박우리는 훨씬 양심의 가책을 많이 느끼는 인간이지만, 두 사람은 공통점을 갖는다. 바로 '이 정도로 익명화했으면 상대방 동의 없이 콘텐츠로 제작해도 무리 없을 것'이라고 합리화하는 과정에서다. 그리고 둘의 연인(자영)과 친구(병두)는 그 합리화 때문에 상처 입고 고통받는다.

아무리 철저하게 익명화하더라도 이야기꾼은 캐릭터의 모티프가 된 당사자의 특징을 몇 개 남겨둘 수밖에 없기 때문이다. 그리고 캐릭터의 그러한 개성이 어디에서 나왔는지 당사자는 너무나도 잘 알고 있다. 자신만 알고 있었던 비밀이 세상에 공개됐을 때, 혹시 누군가 알아볼까 두

"이번 일은 완전히 없었던 걸로 해야 된다.
평생 우리 말고 또 아는 사람이 있으면 안 돼."(황 회장)

병두는 자신의 스폰서가 돼주겠다는 황 회장(천호
진)을 위해 부장검사를 살해한다. 그리고 그 사실을
평생 함구하겠다고 약속한다. 〈출처=KMDb〉

렵다. 많은 사람은 영화와 칼럼 속 주인공에 대해서는 별 죄책감 없이 평가하기 때문에, 어딜 가든 자신의 뒷담화를 들을 수 있다는 점도 부담이다.

두려움의 일부는 갑을 관계 설정에 대한 것이다. 박우리와 민호가 자영과 병두의 비밀스러운 이야기를 듣고 싶어 했을 때, 분명 그 관계에서 스토리텔러는 을의 입장이었다. 그러나 칼럼으로, 또 스크린으로 옮겨진 자신의 비밀을 본 순간 자영과 병두는 자신이 졸지에 을이 돼버렸음을 깨달았을 것이다. 혹시 상대방이 자신의 비밀을 더 많이 공개해버릴까 전전긍긍하는 을의 위치가 된 것이다. 지금은 익명화를 위한 여러 장치가 이야기를 둘러싸고 있지만, 나중에 스토리텔러는 '더 자극적인 이야기가 필요해서' 아니면 '그저 상대방이 맘에 안 들어서' 익명화의 장치를 하나씩 거둘 수 있는 갑이 되는 것이다.

인간을 수단으로만 대하지 않겠단 다짐

칸트는 인간을 수단으로만 대해서는 안 된다고 말했다. "너는 너 자신의 인격에서나 다른 모든 사람의 인격에서나 인간성을 언제나 동시에 목적으로 간주하고 결코 단순한 수단으로 대하지 않도록 하라." 자영과 병두 두 사람이 대중 앞에서 발가벗겨지는 듯한 수치심보다 더 크게 느낀 것은 배신감이었을 것이다. 자신이 상대방에게 목적인 줄 알았는데, 오로지 수단이었음을 발견했을 때, 두 사람은 모멸감을 느낀다.

두 영화를 보면서 한국 문단을 뒤흔들었던 지인 사생활 도용 논란 등을 떠올리긴 어렵지 않다. 그러나 이 영화들은 '작가가 아닌 관객'에게도 삶을 돌아볼 기회를 제공한다. 그건 한 인간의 사람됨이란 결국 남을 얼마나 수단화하지 않느냐에 달려 있다는 것이다. 관객은 자신이 가진 것을 포기하며 자영에게 사죄하는 박우리를 보며 관계의 희망을 본다. 반면, 끝내 병두를 수단으로만 대하는 흥행 영화감독 민호를 보며 조폭보다도 '비열하다'고 느낀다. 상대를 한때 수단으로 간주했더라도 최종적으론 목적으로 대하겠다는 선택을 할 수 있는지, 장르도 분위기도 다른 두 영화는 관객에게 가볍지 않은 질문을 던진다.

※ 고민 있는 날, 씨네프레소 한 잔

모든 경험을 전시하는 SNS 시대에 생각할 거리를 주는 작품들입니다. 친구와의 이야기 중 함부로 공개해선 안 되는 선이란 게 있을까요. 두 영화를 기준으로 본다면 그건 아마 '친구가 세상에서 내게만 들려준 얘기'가 될 것입니다.

5) 영화 〈장화, 홍련〉과 〈달콤한 인생〉
– 인간관계에도 '방어운전'이 필요해

[장화, 홍련]
장르: 공포·스릴러 | 감독: 김지운 | 출연: 임수정, 염정아, 문근영, 김갑수 |
평점: 왓챠피디아(3.3/5.0) 로튼토마토 토마토지수(85%) 팝콘지수(83%)
[달콤한 인생]
장르: 느와르 | 감독: 김지운 | 출연: 이병헌, 김영철, 신민아 |
평점: 왓챠피디아(3.9/5.0) 로튼토마토 토마토지수(100%) 팝콘지수(90%)

사람은 싫어하는 상대를 어떻게 대하는지에 따라서도 분류할 수 있다. 어떻게든 포용하려는 부류, 앞에서는 웃다가 뒤에서 욕하는 부류, 상대와 마주칠 일을 가능한 한 적게 하며 마찰 자체를 줄이는 부류 등 여러 갈래로 나뉠 것이다.

김지운 감독 초기 주요 작품의 주인공들은 이 부분에서 공통점을 갖는다. 바로 싫어하는 사람을 적극적으로 경멸한다는 점이다. 그들은 멸시하는 대상에게 조금이라도 따뜻한 모습을 보이는 게 자기기만이라도 된다는 듯 최선을 다해 냉정하게 대한다. 이들의 공통점은 또 있다. 상대를 모질게 대했던 것이 부메랑이 돼 그들을 어려움에 빠뜨린다는 점이다.

반복되는 서사 구조에서 관객은 감독의 세계관을 엿볼 수 있다. 김지운 감독은 남을 지나치게 낮춰 보는 태도가 개인에게 어려움을 불러올 수 있다고 보는 듯하다. 영화 〈장화, 홍련〉(2003)과 〈달콤한 인생〉(2005)을 중심으로 김지운 작품의 주인공들이 업신여기는 상대를 어떻게 대하는지, 또 이로 인해 어떤 곤란에 빠지는지를 살펴본다.

동생 괴롭히는 계모를 없는 사람 취급했다

〈장화, 홍련〉은 계모 은주(염정아)를 없는 사람 취급하는 수미(임수정)의 이야기다. 수미는 은주가 아무리 살갑게 대화를 시도해도 철저히 무시하며 모욕감을 느끼게 한다. 수미의 관점에서 은주는 무시당해 마땅한 사람이다. 병약한 친엄마가 아직 살아 있을 때 부친(김갑수)과 내연의 관계로 집에 들어와 결국 친모의 극단적 선택을 초래했기 때문이다.

은주는 부친이 못 보는 곳에서 때로 수미의 동생 수연(문근영)을 옷장에 가둬놓고 학대하기도 한다. 수미는 부친이 일부러 계모의 학대를 못 본 척한다고 생각하고, 어느 날 부친에게 그녀 만행을 고한다.

그러나 이를 들은 부친은 딸에게 다른 이야기를 들려준다. 사실 수연은 이미 죽었고 그 이후 정신병이 생긴 수미는 치료받았으나 여전히 환각에 시달리고 있단 것이다. 수미는 동생의 죽음을 받아들이지 못하고 동생이 은주에게 괴롭힘 당하는 환영을 계속해서 본다. 그녀가 동생 사망을 인정하지 못하는 건 혈육 사망이 불러일으키는 압도적 슬픔 때문이기도 하지만, 다른 이유도 있다.

바로 동생 죽음에 자신이 일정 부분 원인을 제공했다는 점이다. 사건은 자신의 신세를 비관한 친모가 옷장에서 극단적 선택을 한 날 발생했다. 동생은 엄마를 밖으로 꺼내려다가 함께 옷장에 깔려버렸고, 이를 알아챈 은주는 고민 끝에 "무슨 소리 못 들었니?"라고 수미에게 물어본다.

물론 일반적인 경우라면 "옷장 밑에 동생이 깔려 있으니 같이 구하자."라고 얘기한다. 해당 사실을 알리지 않은 채 구조의 골든타임을 놓치게 한 사람은 죽음에 대한 책임에서 자유롭지 못하다. 그러나 그 집 딸들에게서 무시당한 은주가 애초에 그 광경을 못 본 척할지 심각하게 고민했던 것을 감안하면, 저 정도의 질문은 아마도 그녀가 베풀 수 있는 최고치의 선의였을 것이다. 자기 물음에 수미가 "들었다."라는 정도의 반응만 보여줬다면 그녀는 수연을 구하는 데 동참했을 것이다. 그녀의 윤리 수준은 매우 낮지만 그 정도는 된다.

하지만 수미는 "여기(자매의 방이 있는 2층) 왜 올라온 거야. 안방은 1층 아니야?"라며 정색한다. "이젠 엄마 행세까지 하려 드네? 부탁인데 우리 일에 상관하지 말아줘"라는 수미의 말에 은주는 한 번 더 기회를 준다. "너 지금 이 순간을 후회하게 될지도 몰라. 명심해." 그럼에도 수미는 "당신이랑 이렇게 마주 보고 있는 것보다 더 후회할 일이 있겠어?"라며 냉정한 태도를 유지한다. 옷장에 깔린 동생은 이 모든 대화를 들으며 서서히 죽어가고 있었다.

여기까지 보고 나면 관객은 이 영화 전체가 수미의 후회라는 것을 알게 된다. 그것은 모진 태도에 집착하느라 동생을 죽게 했다는 후회다. 수미가 은주에게 차갑게 대한 것엔 약한 엄마와 동생을 보호한다는 명분이 있었다. 연약한 엄마를 밀어내고 집의 일원이 되려는 은주에게 모멸감을 주면 그녀 스스로 지쳐 나가떨어질지 모른다. 아이러니하게도 가족을 지키려 은주를 무시하던 수미의 태도가 결국 가족을 다치게 했다.

이것은 어쩌면 윤리적으로 문제 있는 사람을 대할 때도 인간적 모멸감을 느끼게 하는 건 위험하다는 이야기일 수도 있다. 그 사람에게 예의를 지켜야 하기 때문은 아니다. 타인이 끔찍한 인간일지라도 말할 기회 정도는 줘야 하는 이유는 다름 아닌 스스로를 보호하기 위해서일 수 있다.

자신이 간병하는 사람(수미 엄마)이 살아 있는데 그 사람 남편의 애인으로 집에 들어온 은주는 누가 봐도 윤리적인 존재는 아니다. 그렇지만 그런 은주를 아예 없는 사람 취급했을 때 수미는 동생을 잃는 아픔을 겪었다. 왜냐면 은주에겐 수미가 알지 못하는 정보(옷장이 넘어져 동생이 위험에 처했다)가 있었기 때문이다.

누군가가 자신에게 윤리적으로 더 열등한 존재라고 하더라도 반드시 정보에서까지 열위에 있는 건 아니란 점을 수미는 간과했다. 투명 인간 취급을 받은 은주가 수미에게 꼭 필요한 정보를 공유해주지 않았을 때 피해는 고스란히 수미 몫이 됐다.

수미(왼쪽)는 은주를 대놓고 무시했다. 그러나 은주는 수미
에게 꼭 필요한 정보를 갖고 있었고, 그녀의 말을 들어주지
않던 수미는 뼈저린 후회를 하게 된다. 〈출처=IMDb〉

"너 지금 이 순간을 후회하게 될지도 몰라. 명심해."(은주)
"당신이랑 이렇게 마주 보고 있는 것보다 더 후회할 일이 있겠어?"(수미)

무능력해서 조직에 해를 끼치는 동료를 멸시했다

수미의 경멸이 집안의 새엄마를 대상으로 한다면, 〈달콤한 인생〉 선우
(이병헌)는 더 많은 사람을 폭넓게 경멸하고 다니는 쪽이다. 조직 보스
(김영철)에게 인정받으며 승승장구하는 선우는 동료 문석(김뇌하)을 무
능하고 예의 없다는 이유로 무시한다. 그가 존중하지 않는 인물이 하나

더 있다. 선우의 조직과 거래를 뚫기 위해 부하들을 보내 영업시간에 난동을 부린 백 사장(황정민)이다. 선우는 비즈니스 매너의 부재를 이유로 그를 상대하지 않으려 한다.

　어느 날 문석이 두 조직 간 오해를 해소하기 위해 백 사장을 영업장으로 초대하지만, 그 자리에서 선우는 두 사람을 전혀 존중하지 않고 있음을 있는 그대로 드러낸다. 백 사장에게 상도덕을 갖추라며 훈계한다. "오늘 백 사장님 내 손님으로 오신 거야. 나한테 이렇게 해도 되는 거야?"라고 묻는 문석에게 선우는 "너한텐 그래도 돼."라는 말을 돌려준다.

선우가 문석, 백 사장과 겪는 불화는 이 영화의 중심축은 아니다. 보스가 선우를 조직에서 제거하려 들며 그가 경험하는 고초를 주로 그렸기 때문이다. 그렇지만 선우는 그 과정에서 위의 두 사람에게 인간으로서 견디기 힘든 수모를 당한다. 백 사장은 선우를 줄로 매달아놓은 채 연장으로 위협하며 정육점 고기 취급하고, 문석은 선우를 땅에 파묻는 과업을 너무나도 충실하게 수행한다. 애초 선우가 두 사람을 경멸하던 시절, 그들을 질 낮은 인간으로 판단하고 약간의 존중도 보여주지 않았기 때문에 두 사람 또한 그에게 매너를 보여줘야 할 이유가 전혀 없다.

오히려 각각 선우에게 돌려줘야 할 '경멸'이 있다. 선우가 평소 멸시했던 이들이 모두 선우를 짓밟으려 들면서 그의 고통은 극대화된다. 물론 조직 우두머리의 결정이니 그는 어쨌든 곤경을 겪었을 것이다. 그래도 평상시 경멸스러운 인물들에게 조금 더 여유로운 태도를 보여줬다면 그들이 곤경에 처한 자신을 향해 보여주는 적개심의 정도도 그보다는 약했을지 모른다.

경멸 대상에게 최소한의 존중을 보여주는 것은 방어운전과도 같다

저마다 정도의 차이는 있지만 초기 김지운 감독 영화의 다른 인물들도 상대를 지나치게 하찮게 여긴 자신의 태도에 걸려 곤경에 처한다. 상대방이 윤리 의식, 실력, 매너 등을 갖추지 못했다는 이유로 내려보다가 그에게 치명타를 맞는 것이다.

그렇기에 김지운 초기 영화에서 상대를 대하는 태도에 관한 메시지를 찾는다면 아래와 같을 것이다. 우리는 때로 경멸당해 마땅해 보이는 사람들을 만난다. 그들은 너무 낮은 윤리 의식을 갖고 있거나, 능력이나 매너가 없기 때문에 타인에게 해를 끼친다. 이들에게 조금이라도 따뜻한 모습을 보이는 것은 그들 때문에 피해 본 사람들에 대한 배신일 수도 있다.

그렇지만 경멸스러운 사람을 대할 때도 어느 정도 선을 지켜야 하는 것은 다름 아닌 자신을 지키기 위해서다. 멸시당한 그가 당신에게 꼭 필요한 정보를 공유해주지 않을 수도 있고, 당신이 위험에 처했을 때 그 모욕을 배로 갚을 수도 있기 때문이다.

이것은 도로에서 방어운전을 해야 하는 이유와 비슷하다. 매너 또는 실력이 없어서 난폭한 운전자가 사고를 냈을 때 절대적 책임은 난폭 운전을 한 당사자에게 있지만, 방어운전을 하지 않아 사고를 당한다면 나 역시 손해를 입기 때문이다. 경멸의 대상에게 최소한의 존중을 보여주는 것은 난폭 운전자들을 너무 자극하지 않고 적당히 피해 다니는 태도와 매한가지로 나를 위한 일인 것이다.

이 연장선상에서 김지운의 영화를 타임라인으로 쭉 늘어놓고 본다면 〈밀정〉(2016)에서는 확연한 변화가 느껴진다. 주요 인물들이 경멸스러운 대상을 대하는 태도가 앞선 작품들과 달라진 것이다. 이 영화는 의열단이 조선인 출신 일본 경찰 이정출(송강호)을 밀정으로 심어 펼치는 작전을 중심으로 전개된다. 목숨 걸고 독립운동을 하는 정채산(이병헌)과 김우진(공유) 입장에서 일제에 협력하는 이정출은 인간적인 대우를 해줄 필요가 없는 인물이다.

이정출을 믿을 수 없다는 김우진에게 의열단장 정채산은 "그에게도 분명 마음의 빚이 있을 것"이라며 "그걸 열어주자"고 한다. 밀정으로 심어둔 이정출이 제 역할을 해주면서 이들의 작전은 소기의 성과를 거둔다. 모든 이에게 멸시받던 사람에게 한 차례 인간적 신뢰와 존중을 보여줬을 때, 그의 인격 중 경멸스럽지 않은 면모가 드러날 수도 있음을 보여주는 서사인 셈이다.

※ 고민 있는 날, 씨네프레소 한 잔

수미의 입장에서 계모는 경멸당해 마땅한 인물이었습니다. 그러나 계모의 이야기라면 한마디도 듣지 않으려는 태도가 결국 부메랑이 돼 수미가 아끼는 사람을 다치게 하죠. 상대를 극단적으로 내려다보는 건 결국 자신에게 해로 돌아올 수 있음을 보여줍니다.

---

6) 영화 〈조제, 호랑이 그리고 물고기들〉
- 상대가 날 사랑하는 이유에 집착하지 않는다

장르: 로맨스·드라마 | 감독: 이누도 잇신 | 출연: 쓰마부키 사토시, 이케와키 지즈루, 우에노 주리 |
평점: 왓챠피디아(3.9/5.0)

　　나이, 재력, 외모 등 세상에서 말하는 '조건'이 크게 차이 나는 두 사람
이 연인으로 결합하면 뒷말이 따라다니기 마련이다. 둘의 관계에 사랑이
아닌 무엇인가가 놓여 있을 것이라는 추측이 나오곤 한다. 이것은 사실
여부와 상관없이 두 사람을 매우 지치게 하는 요소다. 특히, 특정 조건을
덜 갖췄다고 평가받는 쪽은 사랑이 아닌 무언가로 상대방 마음을 샀을

것이란 오해에 시달리다 관계에서 이탈하게 되기도 한다.

〈조제, 호랑이 그리고 물고기들〉(2003)은 걷지 못하는 여성 조제(이케와키 지즈루)가 누구보다도 건강한 남자 쓰네오(쓰마부키 사토시)를 만나 사랑하는 이야기다. 쓰네오는 잘생기고 쾌활하기까지 해 인기가 많다.

조제와 함께 다니는 쓰네오를 보고 사람들은 "기특하다." "봉사 정신이 투철하다." 같은 말을 건넨다. 두 사람이 사랑하고 있을 것이란 추측 대신 말이다.

어느 날 생각 없이 걷다가 조제를 만났다

두 사람의 관계는 대학교 4학년생 쓰네오가 길거리에서 우연히 조제를 만나며 시작된다. 조제의 할머니가 그녀를 태우고 다니던 유모차가 언덕 아래로 굴러 내려오면서다.

쓰네오는 사회와 완전히 차단돼버린 채 책만 읽고 자란 조제에게 호기심을 느낀다. 그녀와 나누는 대화가 떠오르고, 그녀가 해주는 밥이 생각나 조제의 집을 찾는다. 애인이었던 가나에(우에노 주리)와 헤어지고 조제와 연애하게 된다.

쓰네오는 조제에게 세상을 보여준다. 유모차 뒤에 스케이트를 연결해 빠른 속도로 달릴 수 있게 만든다. 할머니의 유모차가 외부에서 안을 들여다보지 못하게 돼 있었다면, 쓰네오의 유모차는 외부에 열려 있다. 조제가 바깥세상을 마음껏 볼 수 있고, 다른 사람들도 조제를 볼 수 있다.

어느 날 자기 앞으로 불쑥 나타난 조제에게 쓰네오는 호기심을 느낀다. 〈출처=IMDb〉

"네 장애가 부럽다" … "부러우면 너도 다리를 잘라"

할머니도 조제를 사랑하지 않았던 것이 아니다. 다만 쓰네오와 방식이 달랐던 것이다. 할머니는 혹시나 조제가 상처받을까 두려워 조심스레 유모차를 밀며 그녀를 세상과 차단하는 데 힘을 기울였다. 하지만 쓰네오는 밖으로 열려 있는 유모차를 누구보다도 힘껏 민다. 그러다 언덕으로 굴러떨어지고 조제도 밖으로 튕겨 나간다. 상처 입을 가능성을 감안하고서라도 그녀가 세상을 온전히 누릴 수 있게 하는 것이 쓰네오가 조제를 사랑하는 방법이다.

쓰네오의 옛 연인인 가나에는 이 상황이 이해되지 않는다. 누가 봐도 잘 어울리는 커플이었던 자신과의 관계를 깨고 찾아간 상대가 걷지 못하는 조제라는 것에 자존심이 상한다. 그래서 어느 날 상처를 주기로 마음 먹고 조제 앞에 나타난다. 그리고 세상에서 두 사람을 어떻게 보는지 알려준다. 조제의 다리를 보며 "솔직히 네 무기가 부럽다."라고 말한다. 쓰네오의 마음은 사랑이 아닌 동정일 뿐이라고 연적에게 대놓고 말한 것이다. 조제는 망설임 없이 맞선다. "그럼 당신도 다리를 잘라."

걷지 못하는 모든 사람이 아닌, 조제를 사랑했기에

두 사람의 대화는 사랑과 '조건'의 관계에 대해 생각할 지점을 남긴다. 가나에는 건강한 쓰네오가 조제를 사랑할 리 없다고 믿는다. 기본적으로 사랑이란 조건이 비슷한 두 사람 사이에 성립되는 것이라 생각하기 때문이다. 그리고 사랑이 아닌 것을 통해 상대방의 마음을 얻었다면 '무기'를 쓴 것이나 마찬가지라고 생각한다. 가나에는 연적이 반칙을 쓰고 있다고 지적하는 것은 무례가 아니라고 여기기에, 조제에게 "장애인 주제에." 같은 말을 주저 없이 던진다.

조제는 이 문제를 한 번쯤 생각해본 것처럼 보인다. 두 사람 주위를 지나가는 사람들이 쓰네오를 보고 '착한 청년' 같은 말을 툭툭 던질 때마다, 책을 많이 읽은 조제는 '착한 사람이 아니라면 내 옆에 있지 못하는 것인가?'라는 고민을 깊게 했을 것이다. 그리고 그녀는 삶의 조건이 다른 두 사람이 결합할 때, 그 안에 놓이는 심리가 무엇인지 명확히 정의할 수 없다는 결론에 다다르게 된 것처럼 보인다. 왜냐면 쓰네오는 세상의 걷지 못하는 사람을 모두 좋아한 것이 아니기 때문이다. 쓰네오는 세상의 장애인을 모두 찾아가 사랑한 것이 아니라 조제를 찾아와 사랑했다. 그렇기에 "그럼 당신도 다리를 자르라."라는 조제의 말은 '너도 다리를 잘라서 사랑을 받으라'는 이야기가 아닌 것이다. '네가 다리를 자른 뒤 쓰네오가 나보다 너를 더 사랑하는지 확인했을 때에야 비로소 나를 향한 쓰네오의 사랑이 동정심뿐이라는 네 논리를 입증할 수 있다'는 의미가 될 것이다. 그렇기에 조제는 쓰네오에게 자신을 왜 좋아하느냐고 물어보지 않는다. 그것은 쓰네오 스스로도 정확히 알지 못하는 감정이다. 사람의 감정은 동정심, 사랑, 우정같이 하나로 딱 떨어지게 정의되지 않을 때가 많다. 아마 쓰네오는 조제를 이성적으로 좋아하면서, 또 그녀의 엉뚱한 매력에 빠져들고, 어느 정도 도와주고 싶은 마음을 섞은 형태로 사랑하고 있었을 것이다.

사랑이 진심인지를 온전히 파악하는 건 쉽지 않다

영화는 남의 사랑이 진심인지 아닌지를 따지고 드는 것이 때로 무의미한 행위일 수 있음을 보여준다. 이를테면, 비장애인인 쓰네오가 장애인인 조제와 사귄 게 동정심 때문만은 아니듯, 젊은 사람이 나이 든 부자와 결혼했다고 해서 그것을 사랑 아닌 재산이 만든 결합이라고만 해석하기도 힘들다. 세상의 나이 든 부자와 전부 결혼한 것이 아닌 '그 사람'과 결혼한 것이기 때문이다. 그렇다면 쓰네오가 끝내 조제를 떠난 이유도 조제의 걷지 못함에 있다고만 보기 어려울 것이다. 그녀의 걷지 못함은 쓰네오가 떠난 결정적 원인일 수도 아닐 수도 있다. 비장애인 커플도 둘의 관계에서 동력이 다하면 헤어지듯, 장애─비장애 커플도 그저 지쳐서 결별할 수 있는 것이다. 이별이 반드시 한쪽의 조건이 부족해서 이뤄지는 건 아니다.

조제는 쓰네오가 자신과 왜 만났는지, 왜 떠났는지 굳이 해석하려 들지 않는다. 그저 쓰네오가 자신을 진심으로 좋아한다고 느껴질 때 충분히 사랑받고, 본인도 그에게 사랑을 돌려줄 뿐이다. 쓰네오가 떠난 뒤에는 그 사랑이 남기고 간 온기를 품고 산다. 이전까지 무겁게 가라앉아 있었던 조제의 삶은 열기구처럼 가볍게 위로 떠오른다. 도와주는 이 없이는 쓰레기도 못 버리던 그는 이제 전동 휠체어를 타고 스스로 장을 봐 식사를 준비한다. 상처를 주고받을 게 두려워 두 사람이 만남을 시도하지 않았다면, 아마 그런 변화는 생기지 않았을 것이다. 조제는 오늘도 일상을 살아간다. 쓰네오가 사실 자신의 장애 때문에 떠난 것인지, 자신은 장애 때문에 평생 사랑을 못하게 되지는 않을지 생각하느라 인생을 허비하지 않는다.

※ 고민 있는 날, 씨네프레소 한 잔

조제는 쓰네오에 비해 자신이 부족하다는 얘기를 들어도 이별을 고민하지 않습니다. 바깥 세상과 차단된 조제에게 타인은 존재하지 않는 것이나 마찬가지였습니다. 반면, 쓰네오는 계속해서 조제를 찾아와 문을 두드렸죠. 자신에겐 없는 사람이나 다를 바 없는 타인의 목소리를 신경 쓰는 대신 자신의 세상에 들어온 사랑에 집중한 것입니다.

7) 영화 〈겟 아웃〉

- 상대의 무례를 어디까지 견뎌야 할까

장르: 공포·미스터리·스릴러 | 감독: 조던 필 | 출연: 대니얼 컬루야, 앨리슨 윌리엄스, 릴 렐 하워리 |
평점: 왓챠피디아(3.8/5.0) 로튼토마토 토마토지수(98%) 팝콘지수(86%)

애인의 부모가 당신을 처음 만난 자리에서 담배를 끊으라며 금연 치료를 강요한다면 어떻게 반응할 것인가. 누군가는 초면에 굉장한 무례를 범했다고 생각해 애인과 헤어지는 것까지 고민하겠지만, 아마 상당수는 애인과의 원만한 관계를 생각해 참아 넘길 것이다. 그러나 같은 날, 그런 배려 없는 행동이 한 번도 아니고 수차례 반복된다면 어떻게 해야 할까. 〈겟 아웃〉(2017)은 자신을 존중하지 않는 모든 관계에서 "나가(Get out)!"라고 권하는 작품이다.

"우리 아빠 오바마 광팬, 흑인 차별 안 한다"

영화는 흑인 사진작가 크리스 워싱턴(대니얼 컬루야)이 백인 여자친구 로즈 아미티지(앨리슨 윌리엄스)의 고향 집에 놀러가며 생기는 이야기를 담았다. 크리스는 출발 전부터 걱정이 가득하다. 혹시 자신과 로즈의 피부색이 다르다는 이유로 로즈의 부모가 불편해하는 상황이 생기지 않을까 우려하는 것이다. 이에 로즈는 "우리 아버지는 오바마 광팬."이라며 크리스가 불쾌해할 일은 생기지 않으리라고 안심시킨다.

실제로 로즈의 부모는 그를 환대한다. 신경외과 의사라는 로즈 아버지는 "히틀러의 아리안족 우월주의는 틀렸다."라며 본인이 인종 차별을 하지 않는 사람임을 여러 번 강조한다. 청소하거나 정원을 관리하는 등 로즈네 집안일을 돕는 사람이 모두 흑인이라는 점을 크리스가 이상하게 보자 로즈 아버지는 그들에게 일자리를 주는 차원이라고 설명한다.

"네게 주는 선물이니 금연 치료를 받도록 해"

시간이 흐르며 로즈의 가족은 보다 적극적으로 크리스에게 '호의'를 베풀기 시작한다. 그중 하나는 그가 담배를 끊을 수 있도록 최면을 걸어 치료해주겠다는 제안이다. 로즈의 아버지는 자신도 아내에게 최면 치료를 받은 후 담배를 보기만 해도 토하고 싶어졌다는 증언을 한다. 이에 대해 크리스가 분명히 "사양한다."라고 밝혔음에도 그날 밤 그도 인지하지 못한 새 최면을 걸어 크리스의 흡연욕을 떨어뜨려버린다.

"그 집 가족의 친절, 사실 날 이용하려는 함정"

친절하던 로즈 가족은 점점 본색을 드러낸다. 사실 그들은 흑인을 납치해 그 몸에 백인의 뇌 일부를 이식함으로써 영생을 도모하는 범죄자 집단이었던 것이다. 가족의 정체가 밝혀지면서 앞서 이해되지 않았던 사건의 원인이 하나씩 드러난다. 로즈 집에서 묘하게 굴종적인 태도로 일하던 두 흑인은 실제론 로즈 식구들에게 납치돼 신체를 빼앗긴 신세였다. 로즈 엄마가 크리스의 금연을 위해 강제로 최면 치료를 진행한 것도 더 건강한 상태에서 신체를 강탈하기 위해서였다.

가족의 추악한 진실을 파악한 크리스는 필사적으로 탈출을 시도한다. 그가 정신력을 바탕으로 가족들의 완력과 최면술까지 이겨내고 탈출에 성공하는 모습은 감동적이다. 그러나 영화를 되짚어보면 크리스에게 이런 질문을 던질 수밖에 없다. 당신에겐 더 많은 탈출 기회가 있지 않았는가. 사실 로즈 가족 구성원은 처음 만난 순간부터 자신들이 이상한 사람임을 계속해서 경고하지 않았는가.

로즈의 가족은 온몸으로 얘기하고 있었다 "우린 널 존중하지 않아"

즉, 크리스는 로즈의 가족이 보내는 신호를 애써 무시함으로써 위험을 자초한 측면이 있다. 본인은 인종 차별을 하지 않는다고 지속적으로 이

"내 아내한테 흡연 습관을 고쳐달라고 해.
아내가 내게도 딱 한 번 최면을 걸었는데
그 후로는 담배만 봐도 토하고 싶어졌어.
손님을 위한 특별 서비스야."(로즈의 아버지)

야기했던 로즈 아버지의 태도부터 그렇다. 누군가를 출신으로 차별하지
않는 사람은 자신이 남을 차별하지 않는다는 사실을 애써 강조하지 않는
다. 그는 상대방의 출신이 다르다는 점을 애초에 별로 의식하지 않기 때
문이다. 누가 묻지도 않았는데 "당신이 소수자로서 갖는 권리를 인정한
다."라고 말하는 것은 어떤가. 어쩌면 "다수자인 나는 소수자의 권리를

로즈의 엄마는 스푼으로 찻잔을 긁는 소리를 통해 크리스를 최면에 빠뜨린다. 〈출처=IMDb〉

인정할 권한을 갖고 있다."라는 다수자 중심 세계관의 표출일 수 있다.

흡연 문제도 마찬가지다. 타인을 존중하는 사람이라면 초면에 상대의 기호에 대해 이러쿵저러쿵 판단하지 않는다. 더군다나 상대가 원하지 않는데 최면 치료까지 해버린 것은 폭력이다. 이를 통해 크리스가 금연하게 돼 결과적으로 좋았다고 한들, 상대의 의사에 반하는 행위를 강제한 것은 정당화되지 않는다. 이를 넘어 로즈의 남자 형제가 크리스에게 언어폭력을 가하고, 집에서 열린 파티에서 로즈 지인들이 그를 더듬고 품평하듯 말할 때, 그에겐 충분히 빠져나올 기회가 있었다. 그러나 그는 여자친구와 평화를 유지하기 위해 "악의는 없었을 것"이라는 말로 애써 자신을 다독이며 그곳에 머물러 스스로를 위험에 빠뜨렸다.

당신을 존중하지 않는 모든 관계에서 "겟 아웃"

그래서 크리스가 파티에서 만난 흑인 지인의 한마디는 관객에게 울림을 준다. 아마도 백인에게 신체를 빼앗긴 듯한 이 남자는 일시적으로 의식이 돌아왔을 때 온 힘을 다해 크리스에게 외친다. "나가(Get out)." 영화의 제목이기도 한 이 짧은 말은 다분히 상징적이다. 백인 범죄자 집단에게 착취당한 것으로 보이는 이 남자가 크리스에게 '나가'라고 요구하는 공간은 '로즈의 집'이란 물리적 공간을 넘어선다. 그건 바로 "너를 존중하지 않는 모든 관계의 밖으로 나가."라는 이야기일 것이다. 자신을 존중하지 않는 사람들 속에서 '가짜 평화'를 지키기 위해 하대를 견디다 보면 어느덧 진짜로 박대를 받아도 되는 사람으로 여겨지게 된다. 남에게서 존중받을 수 없을 뿐만 아니라 스스로도 자신을 존중할 수 없게 돼버린다.

세계 영화 티켓 매출을 집계하는 박스오피스모조(2023년 4월 7일 기준)에 따르면 450만 달러를 투입해 만든 이 작품은 전 세계적으로 2억 5,540만 달러의 티켓 수입을 올렸다. 국내에서도 214만 명을 끌어들이며 관객 몰이를 했다. 세계적인 히트의 이유 중 하나로는 이 영화가 21세기 미국에서 벌어지는 인종 차별이라는 특수한 소재를 통해 전 세계 관객의 보편적 고민을 건드리는 데 성공했단 점을 꼽을 수 있지 않을까. 대부분의 사람은 인종 문제가 아니더라도 상대방의 무례를 어디까지 견뎌야 할지 고민해본 경험이 있으니 말이다. 물론 우리는 사회생활을 하기 위해 어느 정도는 참아야 할 것이다. 그러나 상대가 자신을 존중하지 않는다는 확신이 들었을 때, 자신 있게 그 관계 밖으로 나갈 수 있는 용기를 가져야 한다는 점을 이 작품은 말한다. 스스로가 존중받을 만한 존재라는 사실을 잊는 것은 어떤 불이익을 받는 것보다도 무서운 일이니 말이다.

※ 고민 있는 날, 씨네프레소 한 잔

때로는 관계를 정리할 필요도 있습니다. 자신을 전혀 존중해 주지 않는 사람을 계속 옆에 두는 것은 위험할 수 있으니까요. 그런 인간관계에 얽매이면 자신이 존중받을 만한 사람이란 걸 잊어버릴 수도 있습니다. '겟 아웃' 하는 용기가 필요합니다.

2.

꼬여버린 인생,
어디서부터
풀어야 할까

웹소설계에서는 회귀물이 오랜 기간 인기를 끌어왔습니다. 삶이 기대처럼 풀리지 않을 때 과거로 돌아가 새로 시작하는 거죠. 하지만 인생엔 리셋 버튼이 달려 있지 않습니다. 결국 지금 이 자리에서 경로를 수정할 수밖에 없습니다. 이번 장에는 꼬인 인생을 풀어보고자 분투하는 주인공을 모아봤습니다.

1) 영화 〈플래닛 테러〉

- 자기연민에 빠진 동안에도 시간은 흐른다

장르: 액션·SF | 감독: 로버트 로드리게즈 | 출연: 로즈 맥거완, 프레디 로드리게스, 조슈 브롤린 |
평점: 왓챠피디아(3.4/5.0) 로튼토마토 토마토지수(77%) 팝콘지수(77%)

우리는 먼 곳에서 마음을 다치고 가까운 곳에서 위로를 찾는다. 취업에 실패하고, 공모전에서 떨어지는 등 나를 모르는 사람에게서 외면받고 친구에게 하소연한다. 직장 상사나 거래처 사장처럼 자신의 공적인 모습만 아는 이에게 폭언을 듣고, 연인에게 투정을 부린다. 가까울수록 나를 모르는 체할 확률이 낮기 때문이다. 힘든 순간에 적절한 공감을 해주지 않는 지인에겐 급격히 거리감이 느껴지기도 한다.

〈플래닛 테러〉(2007)는 너무 여러 곳에서 상처를 받아 마음이 너덜너덜해질 정도로 나약해진 여성의 이야기다. 의사를 직업으로 삼으려다 실패한 그녀는 고고댄서(디스코텍에서 흥을 돋우는 댄서)가 됐지만, 인격 모독에 지쳐 직장을 떠난다. 이에 더해 신체 일부가 절단되며 누가 봐도 다독임이 필요한 상황이 됐지만, 그녀의 남자친구는 "징징대지 말라."라는 냉정한 말을 건넬 뿐이다. 왜 그는 위로 대신 송곳 같은 직언을 던졌을까.

흥을 돋우라 세워뒀더니 울면서 춤추는 댄서

이야기는 고고 댄서로 일하는 체리 달링(로즈 맥거완)의 춤으로 출발한다. 흥을 돋우는 것이 자신의 일이지만 체리는 울고 있다. 그녀의 춤은 애처롭기도 하고 다소 궁상맞아 보이기도 한다. "징징 댄스가 아닌 고고 댄스를 춰달라."라는 관리자의 요청을 뒤로하고 그녀는 직장을 떠난다. "180도 다른 인생을 살아야겠다."라고 마음먹은 그녀는 스탠드업 코미디언이 될 작정이다.

체리는 자신이 허송세월했다고 여긴다. 의사가 되겠단 목표는 한때의 꿈으로 남았을 뿐이다. 그러는 사이 브릿지 자세(천장을 바라보고 누운 상태에서 엉덩이를 들어 올리는 자세), 고고 댄스, 오토바이 운전 등 스스로 '잉여 재능'이라고 칭하는 잡기만 늘었다. 아마 스탠드업 코미디언이 되겠단 희망도 훗날 곱씹을 추억으로 남게 될 것 같다. 남들이 체리를 향해 '웃기고 있다'고 놀린 말을 '웃기다'는 칭찬으로 오해해서 품은 꿈이기 때문이다.

밤거리를 방황하는 그녀에겐 얼마 전만 해도 남자친구 엘 레이(프레디 로드리게스)가 있었다. 체리는 레이가 두 사람 관계에 확신이 없다고 여겨 몇 주 전 그를 떠났다. 새롭게 살기로 결심한 날 바비큐 식당에서 그를 만난 건 우연일까. 한참 동안 서로 서운한 감정을 담은 말만 주고받던 두 사람은 레이가 체리를 행선지까지 태워주기로 하며 잠시 동행하게 된다.

인간이 상처를 어루만지는 동안에도 죽음은 계속 다가온다

이처럼 영화는 체리의 사랑과 자아실현에 대한 고민을 보여주는 동시에 조금 다른 차원의 위기를 비춘다. 체리가 세상에서 가장 슬픈 사람인 양 자기 신세를 한탄하는 사이 지구 전체를 파멸로 이끌 만한 바이러스가 퍼지고 있었던 것이다. 이 바이러스에 감염된 사람은 좀비가 돼 남의 뇌를 먹고, 그렇게 뇌가 없어진 시체는 다시 좀비가 돼 다른 사람 뇌를 노린다. 좀비라는 비현실적인 존재를 등장시켰지만, 이것은 현실의 은유다. 대다수가 자신의 일상과 기분만 걱정하는 동안에도 지구 어느 편에선 행성을 파멸시킬 수 있을 만한 위기가 커지고 있는 법이다.

두 사람이 탄 차가 바이러스 창궐 지역을 지나며 걱정의 우선순위가 뒤집힌다. 체리가 좀비 떼에 습격당해 한쪽 다리를 잃게 된 것이다. 남의 큰병이 자기 감기만 못하다고 하지만, 본인이 큰 병에 걸리게 되면 감기 같은 건 우습게 느껴진다. 마찬가지로 평소엔 전 지구적 위기가 나의 취업과 연애보다 사소하게 느껴지지만, 본인이 전 지구적 위기의 중심에 놓이면 이전의 고민 모두가 대수롭지 않은 것이 돼버린다. 못 이룬 꿈을 되새기던

"이미 엎질러진 물이니 그만 울어."(레이, 다리를 잃고 좌절한 체리에게)

다리 일부가 잘려 삶의 의지를 상실했던 그녀가 그 다리로 적을 물리치는 이 장면에서 영화의 쾌감이 극대화한다. 〈출처=IMDb〉

체리는 세계의 위기를 자신의 생존 문제로 받아들여야 하는 상황이 됐다.

특징적인 것은 체리의 슬픔을 마주하는 전 남자친구 레이의 태도다. 병원에서 이불을 뒤집어쓰고 우는 그녀에게 레이는 "이미 엎질러진 물이니 그만 울라."라고 한다. 아직 감정이 남아 있는 옛 연인이 자신에게 기

대하는 말을 건네는 대신 현실을 직면하게 한 것이다. 그의 직언엔 이유가 있다. 그녀가 다리 잃은 슬픔에 젖어 있는 동안에도 병원의 나머지 사람들은 좀비를 피해 동분서주하고 있었던 것이다. 무릎 밑이 절단된 다리만 쳐다보고 있다간 자칫 생명을 잃을 수도 있는 상황이다.

2. 꼬여버린 인생, 어디서부터 풀어야 할까   **79**

"자기연민에 빠지지 말고 고고(go go)"

영화는 이후 마음을 다잡은 체리가 레이와 함께 생존자 무리를 이끌며 안전지대로 도망치는 과정을 박진감 있고 코믹하게 다룬다. 톡톡 튀는 B급 감성으로 사랑 받는 로버트 로드리게즈 감독(〈씬 시티〉, 〈알리타:배틀 엔젤〉 등 연출)은 이 작품에서도 '싼 티'를 자기 의도대로 능수능란하게 활용하는 신공을 보여준다. 좀비에 의한 살육 장면이 그렇다. 실감 나게 표현하는 대신 "이거 다 분장이야."라고 외치는 듯한 뻔뻔함이 느껴진다. 후반부엔 체리가 절단된 다리에 기관총을 장착해 인간 병기로 거듭난다. 물리적으로 도저히 불가능해 보이는 구조이지만, 앞쪽에 B급 감성을 충분히 깔아둔 덕에 '그러려니.' 하고 넘어가게 되는 효과가 있다.

작품 전체가 농담처럼 느껴지는 영화이지만 메시지가 없지 않다. 자기연민은 인생에 위기를 불러올 수 있단 것이다. 레이는 다리를 잃고 실의에 빠진 체리를 위로하지 않았다. 자기연민에 잠겨 있기엔 그들을 둘러싼 상황이 너무 긴박하게 전개되고 있었기 때문이다. 체리가 자기 상처를 바라보며 감상에 빠져 있는 순간에도 그녀의 뇌를 탐하는 좀비들은 계속해서 반경을 좁혀온다. 체리가 자기 슬픔을 완전히 딛고 일어설 때까지 좀비들은 기다려주지 않는다.

우리는 먼 곳에서 상처받고 가까운 데서 위안을 찾는다. 사회에서 인정받지 못했단 생각에 친구와 연인, 가족에게 기대지만, 그들에게마저 다독여지지 못했을 때는 결국 자신으로부터 위로를 찾기 마련이다. 내 아픔을 외면하지 않을 가장 확실한 사람은 바로 나 자신이기 때문이다.

그러나 지나친 자기연민으로 상처만 어루만지는 건 스스로를 더 큰 위험에 빠뜨리는 결과를 초래할 수 있다. 쉬지 않고 흘러가는 시간은 인간이 스스로를 충분히 연민할 만큼 기다려주지 않는다.

영화 속 대사와 삽입 음악을 통해 반복되는 '징징대지 말고 고고'(Go Go Not Cry Cry)라는 메시지는 '쇼는 계속돼야 한다'는 주제의 변주다. 인생을 180도 바꾸는 건 자기연민이 아니라 삶을 개척하려는 의지인 것이다. 체리가 '잉여 재능'이라고 여겼던 브릿지 자세와 오토바이 운전은 그녀가 좀비의 공격을 피해 갈 때 결정적 역할을 한다. 뭐라도 해내려고 노력했던 시간이 결국 그녀에게 보상한 것이다. 물론 이 영화가 위로는 무용하다고 이야기하는 건 아니다. 얼마 안 되는 생존자들은 살아남을 길을 찾아 분투하는 동안 서로의 상실에 위로와 공감의 말을 건넨다. 위로는 삶을 이어 나가려는 의지와 함께 갈 때 상대와 나를 일으켜 세울 수 있는 것이다.

※ 고민 있는 날, 씨네프레소 한 잔

레이는 자기연민에 빠져 있던 체리에게 위로 대신 직언을 던집니다. 상처만 쓰다듬고 있다간 계속 다가오는 좀비 떼에게 물어 뜯겼을 테니까요. 어떤 순간엔 그저 앞으로 나아가려는 결심이 필요하단 이야기입니다.

2) 영화 〈도쿄 소나타〉

- 인생엔 리셋 버튼이 없다

장르: 드라마·가족 | 감독: 구로사와 기요시 | 출연: 카가와 테루유키, 코이즈미 쿄코, 코야나기 유 |
평점: 왓챠피디아(3.8/5.0) 로튼토마토 토마토지수(94%) 팝콘지수(80%)

"어떻게 하면 다시 시작할 수 있지? 다시 시작하고 싶어"

〈도쿄 소나타〉(2008)의 등장인물들은 리셋을 꿈꾼다. 실직하거나 범죄자가 되면서 벼랑 끝에 몰려버린 이들은 삶을 처음으로 되돌리고 싶어 한다. 그러나 '언제나 실전'인 인생엔 리셋 버튼이 달려 있지 않고, '회귀물'도 아니기에 계속 살아나가는 수밖에 없다. 이제 그들에겐 내리막길을 걷는 선택지만 남은 것일까.

"해고된 뒤 몰래 쇼핑몰 청소했는데" … 아내 마주치곤 줄행랑

영화는 2000년대 초반을 살아가는 한 일본 가족의 이야기다. 가장 사사키 류헤이(카가와 테루유키)에게는 말 못 할 비밀이 있다. 직장에서 하루아침에 쫓겨난 것이다. 회사에서는 사사키에게 지급하는 임금의 3분의 1로 고용할 수 있는 중국인 직원을 뽑았다.

그는 회사에서 나오자마자 고용지원센터에 간다. 발 빠르게 움직였다고 생각했지만, 그곳엔 명품매장 오픈런을 방불케 하는 긴 줄이 이어져 있다. 매일 찾아가도, 눈높이를 대폭 낮춰도 가정을 건사할 일자리를 찾을 수 없다. 매일 아침 찾아가는 급식소에서 우연히 옛 친구를 만난다. 친구는 계속 회사에 다니는 척하느라 한 시간에 알람이 다섯 번 울리게 설정해두고, 중요한 전화를 받는 연기를 한다. 가족들이 눈치 챌까 봐 걱정하던 그는 사사키를 저녁에 초대해서는 자연스레 회사 업무를 이야기한다. 사사키는 그런 그의 상황 대처 능력을 보며 일종의 존경심까지 품는다. 친구가 배우자와 동반 자살을 하기 전까지 말이다.

이 와중에 큰아들마저 자신에게 반항하며 위기감을 느낀 사사키는 자존심을 내려놓고 쇼핑몰 청소부로 취직한다. 아침에 입고 나간 양복을 유니폼으로 갈아입은 뒤 청소하고, 다시 화이트칼라 직장인 모습으로 퇴근하는 일을 반복한다. 그러나 유니폼을 입은 채 분주하게 움직이던 도중 아내와 마주치고, 그는 자신의 모습을 설명하지 못한 채 줄행랑친다.

사사키는 일부러 집에서 먼 쇼핑몰의 일자리를 얻었다. 그런 곳에서 아내를 마주치고 당황해 달아난다. 〈출처=KMDb〉

日호러 명장감독, 자국 현실에서 공포를 포착 … '1년 자살 3만 4,000명'

영화에 담긴 모습은 1990년대부터 시작된 긴 불황의 터널을 지나가는 일본의 풍경이다. 일본은 2001년 12월 실업률이 5.6%(후생노동성 발표)로 당시 기준 역사상 최고 수치를 기록했다. 정부가 운영하던 실업자 센터에는 평균 100명의 신청자당 51개의 일자리가 제공돼 구직난을 여실히 보여 줬다. 2년 후인 2003년 일본의 자살 사망자 수는 3만 4,427명(일본 경찰청 발표)으로 최고치를 경신한다. 당시 일본에선 선로에 뛰어든 사람들로 전철 운행이 중단되는 일이 잦았다.

〈큐어〉, 〈회로〉, 〈절규〉 등 호러물로 유명한 구로사와 기요시 감독은 이러한 자국의 장기 경기 침체에서 극한의 공포를 포착했다. 정체불명의 존재로 인해 사람이 하나둘씩 죽어 나가고, 등장인물들이 혼돈에 빠지는 것이 기요시 호러 월드의 한 축이라고 했을 때, 일본의 잃어버린 10년, 또는 20년만큼 그 틀에 딱 들어맞는 상황도 없는 것이다. 인물들은 먼저 죽은 이들의 전철을 밟지 않기 위해 달아나고 또 달아나지만 결국 불안에 영혼부터 잠식당한다. '가족 드라마'로 분류되곤 하는 이 영화는 관객을 내내 불편하게 한다.

아무리 힘들어도 "자기 자신을 잃으면 안 된다"

그러나 〈도쿄 소나타〉는 2000년대 일본인의 텅 빈 내면을 허무주의적 시선으로 그리는 데 그치지 않는다. 외부 상황이 개인의 통제 범위 밖으로 치달을 때, 인간은 어떻게 살아내야 할지에 대한 고민을 드러내면서다.

이 사유는 주로 가장 사사키 류헤이의 아내 메구미(코이즈미 쿄코)를 통해 드러난다. 미군 편에서 싸우겠다는 큰아들이 자진 입대해 중동으로 파병된 후 메구미는 꿈을 꾼다. 군복을 입은 아들이 집으로 돌아와 "사람을 너무 많이 죽였다."라며 자책하는 내용이다.

아들을 전쟁터에 보낸 사람의 무의식이 투영된 꿈으로는 독특한 지점이 있다. 아들이 죽어서 돌아오는 걱정 대신 그가 완전 다른 사람이 돼서 귀가하는 염려가 더 크게 반영돼 있다는 점이다. 엄마는 착한 아들이 자

작은아들이 연주하는 드뷔시 '달빛'이 한 곡 통째로 담겼다. 집에서도, 학교에서도 경청하지 않던 그의 소리이지만, 피아노로 전달되는 그의 목소리를 누구도 끊지 못한다. 〈출처=KMDb〉

신의 생존을 위해 전쟁터에 가서 무고한 사람을 죽이며 '자기'를 잃을까 봐 걱정했다. 이 꿈에서 아들의 모습은 새까맣게 묘사된다. 육체는 죽지 않았더라도 무고한 이를 죽이며 자신을 잃은 그 순간, 영혼은 죽어버린 것이나 마찬가지라는 의미가 담겼는지 모른다.

메구미는 어느 날 강도를 당하기도 한다. 자신의 집에 들어와 본인을

"제발 자학하지 마세요. 자기 자신은 하나뿐이에요.
믿을 건 자신밖에 없어요."(메구미)

인질로 잡고 각종 범죄 행위를 한 뒤 자책하는 강도에게서 메구미는 남편의 모습을 본 듯하다. 사실 메구미는 오래 전부터 남편이 실직했단 사실을 알고 있었다. 무료 급식소에서 끼니를 때우기 위해 줄을 선 모습을 우연히 봤기 때문이다. 그녀는 남편이 직업을 잃었다는 사실 자체보다 이로 인해 그의 자존감이 무너지는 모습에서 고통 받았다. 부부의 작은아들은 부모에게 받은 급식비를 이용해 피아노 교습소에 다녔는데, 이를 발견한 남편은 아들의 머리를 심하게 때렸다. 부모로서 권위를 세워야 한다는 이유에서다. 세상에서 그 어떤 권위도 인정받지 못하는 남편이 아들에게 폭력으로라도 권위를 세우려는 모습을 메구미는 안쓰럽게 여긴다.

"잘못에 잘못을 거듭하는 나란 인간은 정말 구제 불능."이라며 기둥에 머리를 찧는 강도에게 메구미는 얘기한다. "제발 자학하지 말아라. 자기 자신은 하나뿐이다. 믿을 건 자신밖에 없다." 아마도 이는 그녀가 자기 남편에게 하고 싶은 말이었을 것이다. 거시 경제의 충격 속에서도 생존하는 것은 중요하다. 그러나 남에게 상처 주길 불사하며 생존하는 동안 사람은 자기 자신을 잃어버린다. 자기 자신을 잃고 육체만 건사한다면 그건 이미 죽은 삶이 아닐까. 사람을 죽이고 껍데기만 남아버린 듯한 꿈속에서의 큰아들 모습처럼 말이다. 메구미는 그런 깨달음을 가지고 집으로 돌아온다.

눈을 떴지만 인생은 리셋되지 않았다, 하지만 그는 자기 자신으로 돌아갔다

영화는 이처럼 고뇌하는 인간들을 통해 희망을 보여준다. 현실에서 벗어나 인생을 다시 시작하고 싶었던 남편 사사키는 다리를 다칠 정도로 뛰어간다. 그렇게 달려가 봤자 눈앞에 계속 펼쳐지는 광경은 쓰레기에 묻힌 세상뿐이다. 그러다 차에 강하게 치여 뺑소니를 당하고, 한참을 누워 자다가 눈을 뜬다.

인생은 새롭게 시작되지 않았다. 그러나 그는 뚜벅뚜벅 걷는다. 어제 쇼핑몰 화장실에서 주워 몰래 주머니에 넣었던 돈 봉투를 분실물 수거함에 넣는다. 점점 미쳐가는 세상을 따라 같이 미치는 대신 자기 자신으로 돌아가기로 결심한 것이다.

파병됐던 큰아들에게선 편지가 온다. 미국이 꼭 옳은 게 아님을 알게 됐다는 내용이다. 그는 미국의 편에 서서 싸우는 대신 약자의 편에서 진정한 행복을 찾겠다고 말한다. 영화가 미국과 상대국 중 어디가 더 옳다고 얘기하는 건 아닐 것이다. 다만, 일자리가 없는 일본에서 도망치듯 전쟁터에 나가며 세계 평화란 가짜 명분을 내세웠던 아들은 직접 본 것을 바탕으로 사유하며 '자기 자신'을 찾아간다.

이야기의 마지막은 작은아들의 음대부속중학교 실기 시험으로 채워진다. 그가 연주하는 드뷔시 〈달빛〉이 한 곡 통째로 나온다. 외부 상황으로 고통 받던 가족들은 아들의 반짝이는 재능으로 위로받는다. 아들이 자신을 속였다며 뒤통수를 후려치던 아빠의 손은 아들의 머리를 다정하게 쓰다듬는다.

이 시퀀스는 관객 마음을 움직이다. 단지 아들의 재능이 실제로 확인되는 순간이기 때문만은 아니다. 아들이 자기 길을 찾아가게 하는 과정에서 식구 모두 위로받았다는 데서 긴 연주의 감동이 전달된다. 단순히 육체적으로 살아남는 것을 넘어 스스로를 알아가고 지키려는 노력이 힘든 시간에 위안이 된 것이다.

이 작품은 일본의 잃어버린 시간을 수십 년 차이로 따라가고 있다는 한국인도 위로한다. 고통 속에서도 자기 자신을 잃지 않으려는 노력이 결국 가장 큰 힘이 될 것이라고 말이다.

※ 고민 있는 날, 씨네프레소 한 잔

이 영화는 내려놓음에 대한 이야기이기도 합니다. 궁지에 몰린 사사키는 가정을 바로 세워야 한다는 생각에 사로잡혀 그 어느 때보다 권위적으로 굴지만, 두 아들은 더 어긋납니다. 반면, 그가 권위적 태도를 내려놓고 식구들의 목소리에 귀 기울이기 시작하자 가족관계가 서서히 회복되죠.

3) 영화 〈비스티 보이즈〉

- 생계를 위해 아무 일이나 해도 괜찮을까

장르: 드라마 | 감독: 윤종빈 | 출연: 윤계상, 하정우, 윤진서, 마동석, 권율 |
평점: 왓챠피디아(3.0/5.0)

2006년 '오늘의 작가상'을 받은 박주영의 장편소설 『백수생활백서』에는
남다른 직업관을 가진 주인공이 등장한다. 대학을 졸업한 독서광인 그녀
는 아르바이트를 전전한다. 수입은 책을 살 수 있을 정도면 충분하다고
여긴다. 안정적 직장을 갖겠다는 소망은 없다. "사실 나는 내가 하나도
한심하지 않다. 하기 싫은 일 억지로 하면서 자아실현이라고 스스로를

위로하는 사람들이 더 우스울 뿐이다. (…) 고정적인 직장을 갖지 않아도 먹고살 수 있고 매일 아침부터 저녁까지 일하지 않고도 충분히 잘 살 수 있는데 왜 그렇게 일을 해야 하는지 모르겠다.”

이것은 책이 쓰일 무렵 젊은 작가를 중심으로 확산하던 직업관이 투영된 문장일 수 있다. 직업으로 자아실현을 한다는 믿음에 도전하는 주장으로, ‘나의 자아란 직업으로 실현될 수 있을 만큼 작거나 단순하지 않다’는 일종의 선언이다. 이러한 직업관은 건강한 자존감을 지키기 위해 일정 부분 참고할 만하다. 선망하는 직업을 모두가 갖게 되는 사회는 없을 뿐만 아니라, 꿈에 그리던 직장에 가고서도 기대보다 별 볼 일 없는 직무에 실망하는 사람이 많기 때문이다. 그렇다면 생계를 위해서 ‘아무 일’이나 해도 괜찮을까. 윤종빈 감독의 영화 〈비스티 보이즈〉(2008)는 잠시 돈벌이를 위해 밤거리 일을 선택한 남자를 비추는 작품이다. 점점 무너지는 그의 모습을 통해 직업과 자아상의 관계를 생각해보게 한다.

“우리 집만 안 망했어도” 호스트는 자기 상황을 받아들이지 못했다

이야기는 집안 사정이 어려워지면서 호스트바에서 일하게 된 승우(윤계상)를 중심으로 전개된다. 잘생기고 키가 큰 데다가 매너까지 좋은 그는 가게에서 ‘에이스’로 꼽힌다. 그러나 그에겐 호스트바에서 일하기엔 치명적인 단점이 있다. 술시중을 들게 된 자신의 처지를 잘 받아들이지 못한다는 것이다. 세상엔 호스트란 직업을 무시하는 시선이 많기에 일단 호스트로선 타인의 푸대접에 무뎌지는 편이 유리하지만, 그는 도무지 하대

승우는 가정 형편이 어려워지자 호스트바 일에 뛰어든다. 술 시중을 들게 된 자기 상황을 잘 받아들이지 못한다. 〈출처=KMDb〉

에 익숙해지지 않는다. 어느 날, 손님 입에서 나온 '빠돌이'(호스트바에서 일하는 사람을 비하하는 말)라는 말에 분노해 그녀 머리채를 잡아버린다.

지원(윤진서)과의 관계가 여기서 시작된다. '템프로' 종업원이라는 지원은 승우를 '빠돌이'라고 무시한 손님의 친구다. 그녀는 본인의 친구에게 "우리 가게에 손님이 와서 진상 부리면 좋냐?"라고 지적하고 방에서 끌고 나온다. 승우는 지원의 미모와 지적인 면모, 그리고 자신을 배려하는 태도에 호감을 갖게 된다. 승우는 "나 네가 생각하는 그런 사람 아니다. (호스트바에선) 그냥 잠깐 일하는 것"이라고 강조하는 등 그녀의 마음을 얻으려 다방면으로 노력하고, 둘 사이는 동거하는 관계로 급진전된다. 여자 친구를 유흥업소에서 빼내기 위해 마이킹(선급금을 이르는 은어) 3,000만 원을 갚아준다고 할 정도로 승우는 지원에게 푹 빠져버린다.

그러나 둘 사이는 자주 삐걱댄다. 승우의 '인지 부조화'가 주요 원인이다. 사업 밑천을 마련하기 위해 잠시 하는 일이라고 자위했지만 여자친구와 자신의 지출을 감당하는 일은 생각보다 만만치 않고, '잠시'라고 생각했던 기간은 예상보다 길어진다. 승우는 자신의 친구가 어느 날 "웬만하면 하는 일 빨리 정리하라."라며 던진 조언에 극도로 스트레스를 받아 폭음한다. 친구에게 무시당했다고 느낀 것이다. 술에 취해 집에 돌아와 "우리 집만 안 망했어도"라 말하며 괴로워하는 승우에게 지원은 약간 질려버린 듯하다.

승우가 호스트바 손님 전화를 지원 근처에서 받는다든지, 지원에게 용돈을 찔끔찔끔 준다든지 하는 문제가 더해지며 둘의 갈등은 점점 고조된다. 여기서 지원은 남자친구를 자극하는 일을 벌이는데, 앞서 승우를 '빠돌이'라고 모욕했던 자신의 친구를 그가 일하는 가게로 데려가면서다. 자신의 친구에게 "댁한테 술 팔 생각 없다, 다시는 지원이 만나지 말라."는 말을 쏟아내는 승우에게 지원은 더욱 정이 떨어져 간다. 이후 다른 남자와 '사업차' 연락하던 지원은 그를 직접 만나봐야겠다는 승우의 말에 "그 사람은 우리랑 달라. 그 사람이 뭐가 아쉬워서 우리한테 사기를 치냐."라고 응수하며 자존심에 큰 상처를 입히고, 둘은 다시는 회복할 수 없는 관계가 된다.

승우가 이 직업을 감당할 만한 인물이 아니라는 것은 재현(하정우)과의 대비를 통해 더 분명히 드러난다. 승우 누나의 남자친구인 재현은 승우를 이 세계로 인도한 인물이자 스스로도 호스트바 매니저로 일하고 있다. 그는 승우와 달리 세상에 호스트를 괄시하는 사람이 존재한단 사실에 별로 개의치 않는다.

두 사람이 여성들로부터 초대 받아 호텔에 방문하는 에피소드가 이를 잘 보여준다. 승우와 재현은 그 방에 들어갔다가 얼마 지나지 않아 나오게 되는데, 다른 남성들이 두 여성에게 놀러오겠다고 연락했기 때문이다. 호스트바에서 일하는 두 남자가 일반 세계의 남성들에게 밀린 것이다. 그래도 여성들이 선물해준 스웨터를 건진 것에 만족하며 호텔에서 나오는 재현에게 승우는 "신났네, 신났어."라고 비아냥댄다. 상대방이 자신에게 오라 가라 하는 것 자체가 충분히 불쾌할 만한 상황인 데다가, 남의 시선에 민감한 승우로선 '혹시 내가 호스트라서 무시한 건가.'라는 자괴감을 느꼈을 수 있다.

호스트바 종사가 윤리적으로 옳은지에 대한 질문을 일단 차치해두고, 직업 선택에 있어서 성격의 중요성이라는 관점으로 이 영화를 읽어보자. 인생에서 잠깐 지나가는 일로 호스트바를 선택한 건 승우나 재현이나 마찬가지일 것이다. 차이가 있다면 직업을 받아들이는 두 사람의 감수성이

"견딜 수 있는 놈은 따로 있는 거야."(재현)

두 사람의 성격 차이를 극명히 보여주는 장면. 여성들의 방에서 나온 재현은 옷 하나 건진 것에 만족하지만, 승우는 여성들이 사실상 자신을 내쫓은 상황에 불쾌감을 느낀다. 〈출처=KMDb〉

다. 인생의 모든 일에 진지하지 않은 재현에겐 호스트바 매니저는 그냥 돈벌이일 뿐이다. 직업으로 인해 자신이 더 못한 사람이 된다고 여기지 않는다. 물론 그 둔감함 때문에 주변에 민폐를 끼치긴 하지만, 적어도 재현은 그 일을 하고 있음으로 인해서 자아상의 급격한 변화 같은 건 겪지 않는다.

반면, 승우는 예민한 인물이다. 인간과 인간 사이의 평범한 갈등을 겪고서도 그의 머릿속에는 즉각 '혹시 내가 호스트라서 무시하나?'라는 물음이 지나간다. 자아상이 불안정해지니 주변 사람에게 포악해지고, 이로 인해 불화가 생길 때마다 상대방의 눈에 비치는 자기 모습을 상상하는 악순환이 반복된다. 매너 좋은 부잣집 도련님이었던 그는 길거리에서 여자 친구를 폭행하기에 이른다. 분노를 못 이긴 우발적 행동이었겠지만 자신이 세상에서 가장 바닥에 있는 건 아님을 확인하기 위해 약자를 힘으로 짓누른 것일 수도 있다.

호스트바라는 특수한 세계를 다룬 영화지만 보다 넓은 직업군에도 적용할 수 있을 메시지가 있다. 직업을 고를 때는 급여나 복지 등 그 직장의 특성 외에도 성격, 자아상, 지구력 등 구직자 자신의 특징을 꼼꼼히 살펴야 함을 보여준다. 평생직장이란 개념이 희미해진 현대에는 다음의 이직·전직을 기대하며 일단 되는 대로 취직할 때도 많은데, 그때 역시 자신이 그 직무를 수행하기 위한 최소한의 성격적 요건을 갖췄는지는 신중히 살펴봐야 하는 것이다. 예를 들어, 직장 내외부에서 활발한 교류가 필수적이고, 자신의 성과가 타인의 선택에 의해 갈리는 경우가 빈번한 직업은 자존심이 세고 예민한 사람에겐 배로 힘든 일이 될 수 있다. 어떤 상황에도 영향받지 않는 건강한 자아상을 만드는 게 중요하겠지만, 자아상이 자주 흔들릴 만한 환경은 가급적 피하는 편이 합리적인 것이다.

그런 면에서 보면 지원과의 교제를 고민하는 승우를 만류하며 재현이 툭 던진 말은 의미심장하게 다가온다. "너 걔 일 나가서 다른 놈들하고 술 마시고, 밖에서 만나고 그러는 거 견딜 수 있을 거 같아? 견딜 수 있는 놈들은 따로 있는 거야." 호스티스와의 교제는 웬만한 사람이 감당할 일이 아니란 뜻이지만, 호스트바에 발 들인 승우의 선택에 대한 평가로 봐도 어색하지 않게 느껴진다. 직업이란 한 사람의 자아를 다 담아낼 수 있을 만큼 큰 그릇은 아닐지라도, 자아를 망가뜨릴 수 있을 만한 위력은 충분히 가지고 있는 것이다.

※ 고민 있는 날, 씨네프레소 한 잔

호랑이에 물려 가도 정신만 차리면 산다고 합니다. 애초 호랑이가 출몰하는 지역을 피해 다니면 물려 갈 가능성을 줄일 수 있습니다.

4) 영화 〈매치 포인트〉

- 아무도 보지 않을 때 드러나는 당신의 모습

장르: 로맨스·범죄·스릴러·드라마 | 감독: 우디 앨런 | 출연: 조너선 리스 마이어스, 스칼릿 조핸슨 |
평점: 왓챠피디아(3.5/5.0) 로튼토마토 토마토지수(77%) 팝콘지수(81%)

독서 욕구는 있는데 시간이 부족할 때, 서점가에 진열된 책 제목을 읽는 것만으로도 꽤 괜찮은 인사이트를 얻어갈 수 있다. 아무래도 출판계는 우리나라에서 제목을 제일 잘 짓는 사람이 모여 있는 곳이기 때문이다. 『아무도 보는 이 없을 때 당신은 누구인가?』란 책도 제목이 잘 뽑힌 서적 중하나다. 자세한 내용을 읽어보지 않더라도 '남이 보지 않을 때 내가 하는 행동이 결국 나라는 사람의 본질에 가깝겠구나'란 생각을 하게 만든다.

우디 앨런 감독의 영화 〈매치 포인트〉(2005) 주인공은 바로 저 지점에서 딜레마에 빠진 인물이다. 테니스 강사인 그는 '상류층'에 편입되기 위해 남에게 보이는 삶을 가꾸는 데 노력한다. 상류층에 어울리는 애티튜드와 매너를 습득하고 품위와 정도를 아는 남자로 스스로를 포장한다. 그러나 정작 그는 상류층 사회의 사람들이 보지 않는 영역에서 완전히 다른 삶을 살고 있다. 손위 처남이 될지도 모를 사람의 애인과 사랑을 나누고 있는 것이다. 그는 이중 인생을 청산하고 남에게 보이는 인격과 자신만 아는 인격을 일치시키려는 노력을 경주할 수 있을까.

첫눈에 사랑에 빠졌는데…하필 손위 처남 애인이라니

이야기는 '신분 상승'의 열망이 있는 아일랜드 출신 테니스 강사 크리스 월튼(조너선 리스 마이어스)이 수강생 톰(매슈 구드)과 친해지면서 시작된다. 톰의 가족과 오페라를 보러 간 자리에서 그의 동생인 클로에(에밀리 모티머)가 크리스에게 반하게 된다. 크리스는 클로에와 결혼해 이 집 식구가 되길 꿈꾼다. 클로에 아버지는 규모 있는 기업의 오너라 자신에게 사업체를 물려줄 수도 있기 때문이다.

둘의 사이는 급진전된다. 그러나 그의 인생은 예상치 못한 방향으로 전개되는데, 그가 클로에 집에 놀러갔다가 만나게 된 여성 노라(스칼릿 조핸슨)에게 첫눈에 반하면서다. 노라는 크리스 손위 처남이 될 수도 있는 톰의 약혼녀다.

"남자들은 늘 궁금해 하죠. 내가 뭔가 특별한 줄 알거든요."(노라)

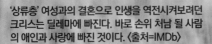

'상류층' 여성과의 결혼으로 인생을 역전시켜보려던 크리스는 딜레마에 빠진다. 바로 손위 처남 될 사람의 애인과 사랑에 빠진 것이다. 〈출처=IMDb〉

크리스는 돈과 사랑 사이에서 고민한다. 클로에와 결혼한다면 그는 장인어른 사업체 경영에 참여하게 될 것이다. 그가 오랜 시간 바라왔던 상류층 인생이 펼쳐진다. 반면 노라와의 사이에서 그는 육체적으로나 정신적으로나 강렬한 사랑을 느끼지만, 생계형 배우인 노라는 그에게 신분 상승의 사다리 같은 것을 보장해줄 수 없다. 아마도 두 사람은 런던의 높은 물가를 견뎌내기 위해 하루하루 분투하듯 살아가야 할 것이다. 어쩌면 높은 생활비를 견뎌내지 못하고 교외로 이동해야 할 수도 있다.

둘 다 놓치고 싶지 않았던 크리스는 두 사람과의 만남을 병행할 방법을 생각한다. 클로에와는 결혼 생활을 하고 노라와는 밀회를 즐기는 것이다. 마침 노라가 처남과 헤어지면서 관계를 이어가기 더 좋은 조건이 만들어졌다. 클로에에게 노라와의 만남은 철저히 비밀로 하고, 노라에겐 결혼 생활이 곧 끝날 것이란 암시를 주며 남자는 이중생활을 이어간다.

이중생활은 예기치 않은 방향으로 튀며 그의 숨통을 조여 온다. 아내인 클로에는 간절히 원하는데도 임신이 되지 않는 반면, 노라는 어느 날 크리스의 애를 갖게 됐다고 통보한다. 클로에는 크리스가 자신에게 좀 더 집중해주길 바라고, 노라는 모든 비밀을 폭로해버리겠다는 기세로 달려들며 크리스가 결혼 생활을 정리할 것을 요구한다. 이혼을 진지하게 고민하면서 크리스는 비로소 깨닫는다. 자신이 진정 원하는 것은 안락한 생활이라는 사실을 말이다.

본인의 진정한 소망을 깨달은 크리스는 과감한 결단을 내린다. 노라와의 관계를 인생에서 완전히 지워버리기로 마음먹는다. 이별로 정리하는 정도를 넘어서 노라가 불쑥 자신의 결혼 생활에 개입할 가능성까지 차단하기로 한다. 그는 노라와 노라의 옆집 이웃을 총기로 살해한다. 굳이 옆집 이웃까지 죽인 것은 강도 사건으로 위장하기 위해서다.

그녀 일기장에 당신 얘기뿐이었습니다

크리스는 경찰서에서 이 사건의 참고인으로 조사받게 된다. 크리스는 노라를 본 건 1년 전 미술관에서 우연히 마주친 게 마지막이었다고 증언한다. 이 영화에서 가장 재미난 장면이 여기서 나온다. 경찰은 크리스에게 노라의 일기장을 들이민다. 거기엔 온통 크리스 이름밖에 없다. 머릿속이 하얘진 크리스는 잠시 고민하다가 자신이 앞서 거짓말을 했음을 인정한다. 그러나 자신이 바람을 피웠다는 것이 살인 증거가 될 수는 없다고 항변한다. 경찰은 그러한 주장을 인정하면서도 크리스에 대한 의심을 키워가게 된다.

경찰은 어느 날 꿈을 꾼다. 노라와 노라의 이웃집 여인이 크리스에게 찾아와 비난하는 내용이다. 크리스가 범인이라는 증거를 수집하던 경찰은 이 꿈을 통해 크리스가 범인이라는 의심을 확신으로 바꿔가게 된다. 그리고 크리스가 어떤 방식으로 두 사람을 살해했을지 퍼즐을 맞추는 데 거의 성공한다. 그러나 크리스가 범인이라며 흥분하는 그를 동료가 자제시키며 더 이상 수사를 이어갈 필요가 없어졌다고 얘기한다. 바로 다른 살인 사건의 범인이 노라 이웃집에서 사라진 반지를 주머니에 소지하고 있었던 것이다. 크리스가 증거를 은폐하기 위해 강으로 던졌던 보석 중 하나가 난간을 맞고 도로에 떨어졌는데, 그것을 주운 것이다. 증거 인멸 시도가 의도와 다르게 실패했는데, 그것이 오히려 크리스에겐 기가 막힌 운으로 작용해 용의선상에서 벗어나게 된 것이다.

자신의 치부를 아무도 모르게 숨기는 건 불가능하다

이 영화는 '그래도 나쁜 사람은 벌을 받아야지.'란 관객 기대를 산산조각 낸다. 파렴치한 살인범 크리스가 수사망에서 빠져나갈 수 있었던 건 그저 운 때문이다. 작품은 인생에 대한 다소 냉소적인 시각을 보여준다. 악인이 어딘가에서 걸려 넘어지길 바라는 우리의 바람은 자주 좌절되는데, 그건 단지 그의 운이 좋기 때문일 수도 있다는 것이다. 마찬가지로 무고한 사람 역시 여러 사람의 협조에도 단지 운이 나빠서 억울함을 끝내 풀지 못하기도 한다.

그렇다고 이 영화가 인생은 모두 운에 달려 있으니 되는 대로 살라는 이야기로만 해석되는 건 아니다. 형사의 꿈은 다소 모호하게 표현된 부분이 있는데, 꿈을 꾼 주체가 형사 같기도 하고, 크리스 같기도 해서다. 아마도 크리스는 평생 이런 종류의 꿈을 반복적으로 꾸게 될 것이다. 강이 내려다보이는 화려한 집에서 식구들과 샴페인 잔을 부딪칠 때, 크리스가 보여주는 멍한 눈빛에서 그의 생각을 읽을 수 있다. 그는 스스로가 끔찍한 살인자라는 사실을 계속해서 떠올리고 있다. 이것은 우리가 무인도에 떨어져서 살인을 저지르더라도 거기엔 늘 목격자가 있음을 말해준다. 그건 바로 자기 자신이다.

※ 고민 있는 날, 씨네프레소 한 잔

크리스는 꼬인 인생을 풀어내는 방법으로 살인을 선택합니다. 그처럼 극단적 경우가 아니더라도 인간은 과거를 지움으로써 막다른 길에서 벗어나려는 충동에 빠지곤 합니다. 그러나 늘 마지막 목격자인 자기 자신이 따라다니기에 이 해결책은 반쪽짜리일 수밖에 없습니다.

5) 드라마 〈나의 해방일지〉

– 원수가 불행해지길 기도하지 않으리

장르: 드라마 | 감독: 김석윤 | 극본: 박해영 | 출연: 김지원, 손석구, 이민기, 이엘 |
평점: 왓챠피디아(3.9/5.0)

　　구약성서엔 선지자 엘리사가 아이들을 저주하는 장면이 나온다. "대머리여 올라가라."라고 자신을 조롱한 아이들을 신의 이름으로 저주한 것이다. 이 이야기는 암곰 두 마리가 곧 숲에서 나와 아이 42명을 찢어 죽이는 것으로 마무리된다. 성경에는 엘리사의 저주가 이 흉살과 인과관계가 있다고 명시돼 있지 않으니 독자가 확실히 알 수 있는 사실은 2가지 정도다. 엘리사는 본인을 놀린 아이들이 곰에게 찢겨 죽은 사건을 목격하거나 들어서 알게 됐고, 그들이 비극을 맞이한 이유를 자신의 저주에서 찾았다는 것이다. 즉, 엘리사는 아이들이 불경스러운 행위를 저질렀기 때문에 끔찍한 죽음을 맞이해도 할 말이 없다고 여긴 것이다.

엘리사의 사례는 극단적이긴 하지만, 인간 본성에 대해 얘기해주는 부분이 있다. 사람들은 자신에게 상처를 주거나 무례를 범한 타인이 불행한 일을 당했을 때, 이것을 종종 그의 과거 악행과 연관 지어 해석하는 경향이 있다는 것이다. 신이 됐든 정의가 됐든 우주를 움직이는 어떤 원리가 그 사람이 받아 마땅한 처벌을 내렸으리라 생각하는 것이다. 드라마 〈나의 해방일지〉(2022) 주인공 염미정(김지원) 역시 본인을 배신한 전 남자친구가 곤경에 처하길 여러 번 바랐다. 자신에게 돈을 빌린 전 남자친구가 채무를 상환하지 않은 채 해외로 떠나는 바람에 염미정은 신용불량자가 되기 직전까지 가고, 1순위 청약통장을 깨는 등 어려움을 겪었다. 어느 날 염미정은 자기 돈을 다 갚지 않은 채로 스드메(스튜디오·드레스·메이크업)는 전부 갖춰 결혼한 남자친구가 성추행 누명을 쓰고 곤란에 빠진 상황을 목격한다. 그녀는 마음속으로 그토록 저주하던 남자가 뒤집어쓰게 될 누명을 '인과응보' 정도로 해석하고 모른 척했을까.

내가 만난 남자는 다 '개새끼'였다

드라마는 삶의 여러 구속에서 자유로워지고 싶어 하는 세 남매 이야기를 중심으로 진행된다. 첫째 염기정(이엘), 둘째 염창희(이민기), 막내 염

염미정은 구씨에게 마음을 준다. 구씨는 자신의 삶을 개선하고자 하는 필사적 노력을 하지 않는 인물이다. 열정 있는 사람들에게 줄곧 배신당해온 그녀는 구씨의 의욕 없음을 오히려 긍정적 요소로 여긴다. 〈출처=IMDb〉

미정은 답답한 직장생활, 오해만 쌓이는 연애, 치솟는 수도권의 생활비 등 삶을 옥죄는 요소로 인해 지칠 대로 지쳤다. 이들은 자신의 마음을 온전히 털어놓을 수 있는 상대와 사랑하고, 직장에서 자기 능력을 제대로 인정받으며, 가정을 이끌어가는 아버지의 가부장적 태도를 누그러뜨림으로써 인생에서 조금이나마 숨통이 트이길 바란다.

세 남매 중 특히 염미정의 인생이 답답하게 그려진다. 계약직으로 근무

"당신이 미워질 것 같으면 얼른 속으로 빌었어.
감기 한 번 걸리지 않기를.
숙취로 고생하는 일이 하루도 없기를."(미정)

중인 신용카드사에서는 정규직 직원들에게 알게 모르게 차별받고, 그동안
의 남자친구들은 모두 '개새끼'로 표현해도 부족할 만큼 그녀에게 실망감
만 남겨줬다.

　주변 사람들에게 사는 게 힘들다고 좀체 표현도 하지 않고, 이렇다 할 취
미생활도 하지 않는 그녀는 곧 "말라죽을 것 같다."라고 느낀다. 언젠가 만
나게 될 필생의 인연을 상상하며 하루하루 버틸 뿐이다.

염미정은 아버지의 싱크대공장에서 일하는 구씨(손석구)에게 마음을 준다. 공장에서 말없이 일하다 밤엔 내내 술만 마시는 구씨는 자기 삶을 개선하고자 하는 필사적인 면모가 없는 인물이다. 수많은 '개새끼'에게 실망해온 그녀가 구씨는 좀 다를 거라고 기대하는 건 일정 부분 그런 의욕 없음에 기인하는 듯하다. 인생을 바꿀 욕구가 별로 없는 사람이 아무래도 자신을 실망시킬 가능성이 떨어질 것이라 보는 것이다. 사실 회사에서 친한 동료 뒤통수를 치며 높은 자리에 올라가려는 사람은 보통 자기 삶을 일으키려는 욕망이 충만한 인물이다. 연인을 배신하고 양다리를 걸치는 남자도 자기 삶에서 최고의 사랑을 만나겠다는 의지가 강한 인물이다. 열정 강한 사람들에게 배신당해 온 그녀로서는 차라리 열망 없는 남자가 자신을 쉽게 해줄 수 있는 연인으로 적합하다고 여기게 됐는지 모른다.

염미정은 구씨에게 요구한다. "날 추앙해요. 난 한 번도 채워진 적이 없어. 개새끼, 개새끼···. 내가 만났던 놈들은 다 개새끼. 그러니까 날 추앙해요. 당신은 어떤 일이든 해야 돼요. 난 한 번은 채워지고 싶어. 그러니까 날 추앙해요. 사랑으론 안 돼. 추앙해요." 구씨는 자신을 추앙하라는 다소 비상식적인 염미정의 요구를 받아들이고, 두 사람은 서로를 깊이 알아가게 된다. 두 사람은 서로의 실패한 연애사에 귀 기울여주고, 상대방 성격에서 매력적이지 않은 요소까지 있는 그대로 받아들인다. 염미정은 구씨가 호스트바 출신 조직 폭력배라는 것도 개의치 않고, 그의 옆에서 시간을 보낸다. 서로를 '추앙'하려 노력하는 가운데, 염미정과 구씨는 갑갑한 세상에서 잠시나마 숨 쉴 공간으로서 상대방의 존재를 느끼게 된다.

나를 곤경에 빠뜨린 남자친구가 성추행 누명을 쓴 장면을 목격하다

염미정이 구씨에게 건넨 "나를 추앙하라"는 말엔 사실 '나도 당신을 추앙하겠다'는 결심이 숨겨져 있다. 자신을 실망시켜 온 여러 연인에게 지친 그녀는 이번엔 다른 사랑을 해보겠다고 마음먹었다. 그녀가 그동안 해온 사랑에는 상대방의 성실함과 따뜻함이 전제돼야 했지만, 이번엔 설사 상대가 불성실하고, 차가운 모습을 보이더라도 변하지 않고 사랑해보겠다고 결단했다. 실제로 이 드라마에서 구씨는 갑자기 연락을 끊고 잠수하고, 이따금 냉정한 말을 쏟아내며 염미정에게 상처를 주기도 한다. 그러나 구씨를 '높이 받들어 우러러보기로' 결심한 그녀는 상대를 저주하지 않는다. "당신은 내 머릿속의 성역이야. 당신은 건드리지 않기로 결심했으니까. 잘돼서 날아갈 것 같으면 기쁘게 날려 보내 줄 거고 (…) 인간 대 인간으로 응원만 할 거라고. 당신이 미워질 것 같으면 얼른 속으로 빌었어. 감기 한 번 걸리지 않기를. 숙취로 고생하는 일이 하루도 없기를."

드라마가 끝으로 향해갈수록 염미정은 각종 구속에서 해방된 듯한 모습을 보인다. 그것은 인생의 여러 요소를 자신이 통제할 수 있는 영역으로 끌어들이려는 의지 덕분으로 해석된다. 구씨를 '추앙'하는 것부터 그렇다. 연인이 자신에 대한 신의를 지켜주길 바랐던 과거의 염미정은 번

번이 연애에 실패했다. 사람은 가까이 지내다 보면 언젠가 서로 맞지 않는 부분을 발견할 수밖에 없고, 그것이 '바람직한 연인'에 대한 자기 기준에 맞지 않는다면 실망할 수밖에 없다. 그러나 구씨의 '어떠함'과 상관없이 사랑해보기로 결심한 염미정은 실패하지 않는다. 그녀는 그저 자신이 줄 수 있는 방식으로 상대를 사랑할 뿐이다. 서로 맞지 않으면 거기서 좋은 추억으로 갈라서면 그만이고, 더 이상 이전 연인을 '개새끼'로 기억해야 할 필요도 없어진다.

여러 구속에서 상당히 자유로워진 그녀는 어느 날 전 남친이 누명을 쓴 현장을 목격한다. ATM 앞에서 줄을 서 있다 전 남친을 우연히 보게 된 것이다. 통화에 정신이 팔린 남자가 몸을 움직이는 사이, 그의 가방이 앞에 선 여자의 몸에 닿게 되고, 그 여자는 남자를 강하게 노려본다. 자신을 배신한 남자친구가 성추행범으로 오인 받아 상당한 곤경에 빠질 수 있는 상황에서, 염미정은 진실을 아는 유일한 목격자가 된 것이다. 잠시간 고민하던 염미정은 여자에게 말한다. "아니에요. 가방이 건드린 거예요."

그녀는 이제 더 이상 전 남친들이 망하길 바라지 않는다. 연애를 넘어 삶의 전반적인 영역에서 그녀는 자신이 통제할 수 있는 부분에만 집중한다. 본인을 배신한 남친의 인생이 망하거나 잘되는 것은 자신이 통제할 수 있는 영역이 아니다. 하지만 내가 해야 할 도리를 다하고 사는 것은 스스로 통제할 수 있는 영역이다. 염미정이 생각하는 인간 된 도리는 남이 억울한 누명을 쓴 것을 목격했을 때, 그를 외면하지 않는 것을 포함한다. 그렇기에 그녀는 그 현장을 못 본 척함으로써 전 남친이 망가지는 것을 바라는 대신, 자신은 인간 된 도리를 다하기로 결정했다. 삶에서 본인이 제어할 수 있는 영역에만 힘을 쏟기로 했다. 전 남친이 벌을 받더라도 그것은 정확히 자신이 잘못한 것에 대해서만 받기를 바라는 것이다.

"나를 추앙해요."라는 대사를 '오그라든다'고 생각해 이 드라마 보기를 포기한 시청자가 많은 것 같다. 그것은 작가가 대사 완급 조절에 실패한 것이 아니라 완벽하게 의도한 것으로 보인다. '이 드라마는 에세이적인 통찰을 대사로 풀어내는 작품이니, 취향에 맞지 않으면 여기서 멈춰도 좋다'고 도발한 것이다. 작가의 의도를 받아들이고 드라마의 16회를 차근차근 따라가다 보면, 자유로워지길 갈구하는 남매들의 삶에서 상당한 위로와 통찰을 얻을 수 있을 것이다. 해방되기 위해서는 남이 아닌 자기 기준에 맞춰 행복을 찾아야 한다는 메시지를 포함해서 말이다.

※ 고민 있는 날, 씨네프레소 한 잔

염미정은 더 이상 원수가 망하길 기도하지 않습니다. 기도가 이뤄지리라는 보장이 없을 뿐만 아니라 그만큼 자기 인생에 집중도가 떨어지기 때문입니다. 원수가 망하거나 망하지 않거나 신경 쓰지 않고 자신의 일상을 채워가는 그녀 모습이 위로를 전합니다.

6) 영화 〈실버라이닝 플레이북〉

– 상처투성이끼리 건네는 위로

장르: 코미디·로맨스 | 감독: 데이비드 O. 러셀 | 출연: 제니퍼 로런스, 브래들리 쿠퍼, 로버트 드니로 |
평점: 왓챠피디아(3.7/5.0) 로튼토마토 토마토지수(92%) 팝콘지수(86%)

배우자의 외도는 오랜 기간 영화의 주요 소재였다. 이는 자신이 창조한 세계를 관객이 진짜라고 믿길 바라는 영화인의 욕망과 관련이 있다. 이야기 속 세상에 빠져들게 하기 위해선 무엇보다 캐릭터에 감정이 이입돼야 하는데, 반려자의 불륜이 일으키는 울분은 이를 경험해보지 못한 사람이라고 할지라도 즉각 상상할 수 있는 종류의 것이기 때문이다. 이를테면 SF 영화 〈마이너리티 리포트〉에선 사람의 살의를 예지해 살인을 예방하는 미래 치안 시스템을 소개하기 위해, 한 남성이 아내의 외도를 직접 보는 장면으로 시작한다. '예지'될 수 있을 만큼 큰 살의가 존재한다는 점을 관객에게 설득하는 데 배우자 불륜을 목격한 인간의 분노만큼 효과적인 수단이 없었을 것이다.

〈실버라이닝 플레이북〉(2012)은 아내가 직장 동료와 샤워하는 모습을 목도한 남자 팻(브래들리 쿠퍼)의 이야기다. 그는 현장을 보고 정신이 나가 남자를 죽도록 때린다. 후유증 격으로 공황장애가 생긴 데다 근무하던 학교에선 쫓겨나고, 정신병원에 입원하는 등 배우자의 외도로 팻의 삶은 완전히 무너진다. 그러나 팻은 아내가 자기 인생을 송두리째 흔들어놓았음에도 그녀를 잊지 못한다는 점에서 여타 영화에서 남자들과 다소 다른 면을 보인다. 병원에서 퇴원한 후에도 아내를 오매불망하지만, 정작 아내는 팻을 다시 받아들일 생각이 없다. 이웃집 여성 티파니(제니퍼 로런스)는 그런 팻에게 다소간 연민과 호감을 느끼지만, 아내와의 재결합이 지상 목표인 그는 티파니를 밀어낸다.

호감 드러내는 여자에게 '헤프다'며 상처 주는 남자

팻이 티파니의 접근을 거부하며 사용하는 언어는 '난잡하다', '지저분하다'와 같이 도를 넘어서는 말이 대부분이다. 그는 티파니가 자신을 처음 만난 날 호감을 표현하며 잠자리를 제안했다는 이유로 그녀를 '헤프다'고 느낀다. 또 그녀는 팻과 둘이 만나 식사를 하며 자신이 회사에서 해고된 사유를 말해주는데, 그것 역시 팻이 그녀를 정죄(定罪)하는 근거가 된다. 남편과 사별한 후 생긴 우울감을 해소하고 싶었던 그녀는 사무실에 있는 모든 남녀와 잠자리를 했는데, 사장이 이를 못마땅하게 여겨 쫓겨난 것이다.

티파니는 강인한 여성으로 그려지는데, 그의 폭언을 듣고도 계속 옆에 머문다는 점에서다. 그녀는 팻을 떠나는 대신, 잘못을 지적하면서 그의 곁을 맴돈다. "당신에게 마음을 열어서 털어놓은 말인데, 어떻게 나를 함부로 판단할 수 있냐?"라는 질문에 팻은 할 말이 없어진다. 팻이 그녀를 '슬럿'(slut·여성이 성적으로 문란하다고 모욕할 때 쓰는 말)으로 생각한다는 것을 실수로 드러냈을 때에도, 티파니는 "난 슬럿이었지만, 지금은 아니다. 당신은 나처럼 스스로를 솔직하게 표현할 수 있냐?"라고 당당하게 되묻는다.

"아내에게 편지를 전해줘" … "댄스 대회에 함께 나간다면 전달하지"

시간이 흐르며 팻도 서서히 티파니에게 마음을 연다. 이따금씩 팻의 아내와 만나는 티파니가 부부 사이에 가교 역할을 해줄 수 있으리라 기대한 것도 있다. 자신의 편지를 아내에게 전해달라는 팻의 부탁에 티파니는 한 가지 조건을 내건다. 바로 댄스 경연에 자신과 조를 이뤄 출전해 달라는 것이다. 아마추어 댄서인 티파니는 매년 열리는 춤 대회에 나가고 싶었으나 그녀와 사별한 전남편은 그녀의 소원을 들어준 적이 없었다.

팻은 어쩔 수 없이 그녀의 제안을 받아들이지만, 춤을 연습하는 동안 티파니에게 친밀감을 느끼게 된다. 티파니 또한 팻에게 더욱 애정을 갖게 됨은 물론이다. 이것은 커플 댄스의 성격과 관련이 있다. 함께 멋진 춤을 추기 위해선 파트너를 배려하는 가운데, 나를 더 정확하게 표현하는 방법을 조율해야 하는 것이다. 두 사람은 이 과정을 통해 서로의 배려심을 알게 되고, 상대가 가장 아름답게 보이는 순간을 발견하게 된다. 팻은 이것이 자칫 티파니를 향한 애정으로 변할까 스스로를 경계한다. 춤을 추는 목적은 오로지 아내와의 재결합이라는 점을 의식적으로 떠올리며 말이다.

구렁텅이에 있던 남자 꺼내줬더니, 아내에게 돌아가네

팻의 상태는 점점 호전된다. 분노 조절을 못하는 모습으로 주변 사람을 공포에 질리게 하기 일쑤였던 그는 자신을 통제하는 법을 배우게 된다. 댄스 대회 출전이라는 목표에 집중하는 동안 사소한 것에 얽매이던 집착증이 줄어든 것이다. 무엇보다 옆에서 끈기 있게 그를 바라봐준 티파니의 역할이 컸다. 그녀는 그의 상태에 기민하게 반응한다. 아내와 남자가 샤워하던 도중 틀어났던 노래를 팻이 길거리에서 우연히 듣고 패닉에 빠지자 그녀는 도닥여준다. 정신과 의사가 그의 증상이 나아졌는지 보기 위해 일부러 그 노래를 들려주며 자극한 것과 대조되는 모습이다. 스티비 원더의 〈My Cherie Amour〉만 들으면 고장 난 시계처럼 반응하

"당신은 나처럼 스스로를 솔직하게
표현할 수 있어요?"(티파니)

티파니는 첫 만남부터 팻에게 호감을 느낀다. 그러나 팻은 그녀가 자신에게 그토록 빨리 빠졌다는 사실에 거부감을 드러낸다. 그녀가 성적으로 방종하다고 생각하는 것이다. 〈출처=IMDb〉

는 그의 상처는 그녀에겐 비웃음거리가 아니었던 것이다.

아내와의 재결합을 포기하지 못하는 팻의 주의가 산만해지자, 티파니는 팻의 아내가 썼다는 편지를 건넨다. 거기엔 그가 예전과는 다른 사람이 됐음을 확인하고 싶다는 아내의 고백이 담겨 있다. 팻은 다시 대회에 집중하지만, 티파니는 불안감을 느낀다. 두 사람이 사랑으로 완성한 춤을 온 세상 앞에서 선보이는 자리가, 둘의 이별 무대가 될 것 같아서다. 게다가 그토록 냉랭하게 굴던 팻의 아내가 실제로 대회를 관람하러 오면서 그녀는 절망한다. 대회가 끝나고 아내에게 다가서는 팻을 보며 티파니는 대회장 밖으로 뛰쳐나간다. 팻은 전력 질주하며 티파니를 쫓아가 고백한다. 이것은 영화 초반에 그가 달아나고, 그녀가 따라오던 구도와 대조된다. "그 편지 사실 당신이 썼단 걸 알고 있어요. 내 미친 꼴을 보려고, 당신이 미친 짓을 했죠. 사랑해요. 처음 만난 순간부터. 오래 걸려 미안해요. 갇혀 있었어요."

직언과 충격 요법만으론 사람을 바꿀 수 없다

이 영화는 세상에 조화하지 못하는 다양한 캐릭터가 서로 부딪으며 드라마를 빚어내는 데이비드 O. 러셀 감독의 장기가 잘 드러난 작품이다. 정신병원에서 온갖 약을 먹고 쓴소리를 들어도 고쳐지지 않던 팻의 조울증은 티파니를 만나 조금씩 누그러진다. 사람을 변화시키는 데는 직언과 충격 요법만으로는 부족하다는 이야기다. 티파니는 팻과 싸울 때 싸우더라도, 팻의 트라우마는 자극하지 않으려 노력한다. 외도한 아내를 계속

기다리는 팻을 한심하게 느낄 수도 있었지만, 그녀는 상처를 뿌리째 뽑아버리려는 시도 대신, 그의 아픔을 인정하며 한발 나아갈 수 있도록 기다려준 것이다.

전문가의 맞춤형 솔루션이 각광받는 시대에 이 영화가 내놓는 해법은 다소 투박하지만 인간적이다. 우리 내면의 문제는 나를 단 한 번만 만나고도 꿰뚫어볼 수 있는 전문가의 직언으로 고쳐지는 게 아니라는 얘기다. 오히려 내 주변의 문제 있는 연인, 부모, 친구와 상처를 주고받고, 부대끼는 와중에 서서히 치유될 수도 있단 것이다. 우중충한 날에도 우리가 실버라이닝(silver lining · 구름에서 은색으로 빛나는 가장자리)을 보며 화창한 하늘을 예감하듯, 상처투성이인 내 주변 사람들이 보여주는 찰나의 밝은 모습에서 위로를 발견할 수 있을 것이다.

※ 고민 있는 날, 씨네프레소 한 잔

전문가에게 인생 솔루션을 받고 집으로 돌아가면 우리는 다시 일상을 살아가야 합니다. 가족, 친구, 동료와 보내는 시간이 압도적으로 깁니다. 상처투성이인 주변 사람들과 건강하게 부대낄 방법을 계속 고민해야 하는 이유입니다.

3.

가깝고도 먼 가족,
무엇이
문제일까

언제 가도 늘 반겨주는 가족이란 건 환상에 가깝습니다. 사실 친구처럼
가까운 모녀 관계에도 늘 긴장이 있습니다. 가족은 서로 기대가 큰 만큼
한번 실망하면 돌이킬 수 없는 관계가 되기도 합니다. 이번 장에서는 가
족 관계 해법을 놓고 고민하는 영화의 주인공들을 소개합니다.

1) 영화 〈벤자민 버튼의 시간은 거꾸로 간다〉
- 부모 원망하길 멈춘 건 나를 위해서다

장르: 판타지·로맨스 | 감독: 데이비드 핀처 | 출연: 브래드 피트, 케이트 블란쳇, 줄리아 오몬드 |
평점: 왓챠피디아(3.9/5.0) 로튼토마토 토마토지수(71%) 팝콘지수(80%)

부모는 갓 태어난 우리가 손가락을 꼼지락거렸다고 환호하는 존재다. 몸을 뒤집었다고 사진을 찍고, 남들은 알아들을 수 없는 옹알이에서 단어를 찾아내 미래 신동이 될 가능성을 발견한다. 별것 아닌 성취에도 부모의 박수를 받을 수 있는 건 어린 시절의 특권이다. 30·40대 성인이 손가락을 꼼지락거리고 가족의 칭찬을 기대한다면 딱한 사람 취급을 받을 것이다.

반대로 유아기에 부모에게서 무조건적으로 받아들여지는 경험을 하지 못한 사람은 내면에 결핍이 생기기 쉽다고 한다. 직접적으로 기억은 하지 못할지라도 그런 거절감은 인간의 잠재의식에 남아 양육자에 대한 서운함 같은 것으로 표출될 가능성이 크다. 영화 〈벤자민 버튼의 시간은 거꾸로 간다〉(2008) 주인공 벤자민(브래드 피트)은 태어나자마자 강보에 싸인 채 아버지에게서 버림받았다. 그는 세상을 향한 원망으로 점철된 인생을 살았을까.

태어날 때부터 노인의 얼굴을 한 남자

벤자민의 아버지는 그를 괴물이라고 여겨 버렸다. 아기가 90대 노인의 얼굴을 하고 태어났기 때문이다. 아버지는 그와 첫 대면한 순간 광분해 아이를 안고 집 밖으로 뛰쳐나갔다. 출산 도중 아내가 사망한 것의 책임을 아이에게 묻고 싶었을 수도 있다. 단지 괴물 같아 보인단 이유로 자식을 버리는 죄책감을 벗어던지기 위해 아내의 죽음을 명분으로 삼았는지도 모른다.

벤자민은 양로원 직원 퀴니가 그를 자식으로 거둬들이며 양로원에서 살게 된다. 그는 자신이 그곳에 있는 사람들과 마찬가지로 인생의 황혼기를 보내는 노인인 줄 알고 자란다. 그래도 피아노를 배우고, 책을 읽고, 사람을 사귀며 유년기에 필요한 경험을 한다. 또래 여자 데이지에게 마음을 뺏겨 그녀가 양로원에 오는 날만을 기다리기도 한다.

노인의 얼굴을 한 어린 벤자민 버튼이 장난감을 갖고 놀고 있다. 〈출처=IMDb〉

어느 날 아버지가 찾아왔다

이처럼 벤자민은 노인의 몸을 하고 있단 것을 제외하곤 곧잘 살아간다. 중간에 양부모에게 친자가 생기며 잠시 소외감을 느끼기도 하지만, 그 역시 성장 과정 중의 하나로 잘 넘긴다. 그는 날이 갈수록 젊어지는 신체를 갖고 있기에 남들처럼 노화에 대한 걱정도 없다. 무기력한 몸으로 태어났던 그는 나날이 삶의 충만감을 느낀다.

그런 벤자민에게 어느 날 친부 토머스가 찾아온다. 처음엔 자신이 아버지란 사실을 숨기고 접근했던 토머스는 벤자민에게 자신이 곧 죽을 것임을 알리며 아들을 버린 과거를 사과한다.

유사한 플롯을 지닌 영화들, 즉, 주인공을 버린 부모가 다시 주인공에게 찾아오는 여타 작품과 비교해봤을 때, 이 영화는 차별화되는 점이 있다. 자신을 버린 아버지에게 왜 이제야 찾아왔느냐며 따지고 원망하는 장면이 없다는 점이다. 당신 같은 아버지 둔 적 없다며 고함을 치거나 당젊어진 벤자민은 청춘을 만끽한다. 원래 자신에게 없었던 젊음을 갖게 된 것이기에 한 순간도 허투루 보내지 않는다. 〈출처=IMDb〉

"현실이 싫으면 미친개처럼 날뛰거나 욕하고 신을 저주해도 돼. 하지만 마지막 순간엔 받아들여야 해."(마이크 선장)

신이 준 돈 쓸 생각 없다며 재산을 거부하는 신(scene)은 없다. 벤자민은 죽음을 앞둔 아버지와 시간도 잘 보내주고, 그가 물려주고 떠난 재산도 잘 쓴다.

남을 원망하는 동안에도 우리 시간은 죽음을 향해 흘러간다

이런 행동은 아마 삶을 대하는 그의 태도에서 비롯됐을 것이다. 벤자민은 어린 시절부터 인생은 그저 받아들여야 하는 것이라고 여겨온 듯하다. 자신이 노인의 얼굴을 하고 태어난 것은 하늘에 저주를 퍼붓는다고 해서 변하지 않는다. 자기를 버린 부모를 증오한들 그 시간을 되돌릴 순 없다.

그렇기에 그는 살면서 일어나는 일들을 수용하는 삶을 살기로 결정했다. 수십 년 만에 찾아온 아버지에게 어떻게 그리 뻔뻔할 수 있냐고 묻는 대신, 그런 아버지도 있는 것이라고 그저 받아들인다. 이치에 맞는 일인지 일일이 따지고 들기엔, 그의 인생엔 이상한 일이 너무 많았기 때문이다. 삶을 증오로 허비하는 대신 담담히 살아나가기로 선택한 것이다.

이 영화에서 몇 차례 반복되는 대사가 있다. '현실이 싫으면 미친개처럼 날뛰거나 욕하고 신을 저주해도 되지만 마지막 순간엔 받아들여야 한다'는 말이다. 노인의 얼굴을 한 그는 양로원에서 '마지막 순간'을 앞에 둔 사람들과 함께 살았다. 의식적으로 '메멘토 모리(Memento mori · 죽음을 기억하라)'를 되새길 필요도 없이, 그는 죽음이 항상 곁에 있다는 걸 알고 있었다. 머지않아 자신에게도 죽음이 찾아올 것이기에, 상처가 자기 삶에 똬리를 틀도록 허락하는 대신, 모든 사건을 흘려보내며 순간순간을 살아간 것이다.

벤자민은 관객에게 묻는다. 당신에게 가슴 아픈 상처를 준 부모가 당신을 쭉 과거에 머물게 하도록 내버려둘 것인가. 왜 나에게만 이런 일이 생기는지 모르겠다며 마음의 생채기를 들여다보느라 인생을 다 써버릴 것인가. 아니면 그런 일도 일어날 수 있음을 인정하고 다음 단계로 넘어갈 것인가.

지금 이 순간 자신에게 남은 선택지 중 최선을 선택하며 사는 것이야말로 절대 거꾸로 가지 않는 시간을 살아가는 방법임을 벤자민 버튼은 보여준다.

※ 고민 있는 날, 씨네프레소 한 잔

사실 벤자민 버튼의 시간은 한 번도 거꾸로 간 적이 없습니다. 신체 나이를 역으로 먹었을 뿐 시간은 계속 정방향으로 흘렀죠. 이 때문에 인생 마지막 챕터에 접어든 노인들과 유년기를 보냈던 건 그에게 깨달음을 줬습니다. 삶에 '있을 수 없는 일' 같은 건 없고, 모든 일을 그저 받아들이는 편이 자신에게 이롭다는 것이죠. 자신을 버린 아버지를 오랜 고민 없이 받아준 건 유한한 시간을 낭비하지 않는 방법이었을 것입니다.

2) 영화 〈와일드라이프〉
- 부모의 솔직함이 늘 옳은 것은 아니다

장르: 드라마 | 감독: 폴 다노 | 출연: 캐리 멀리건, 제이크 질렌할, 에드 옥슨볼드 |
평점: 왓챠피디아(3.4/5.0) 로튼토마토 토마토지수(94%) 팝콘지수(72%)

자녀 앞에서 감정을 억제하다가 결국 스스로 고립돼버리고 마는 가장
들의 사연은 듣는 이를 안타깝게 한다. 자식에게 좋은 것을 주느라고 자
신의 욕망은 모두 포기해버리는 부모의 이야기도 씁쓸하게 느껴지긴 마
찬가지다. 1990년대 이전의 다수 한국 부모들에겐 이처럼 스스로를 지나
치게 억누르는 이미지가 있었다. 부모도 자신의 욕구를 솔직하게 표현하

고, 속 이야기를 꺼내놔야 가족 구성원 모두가 행복해질 수 있다는 지적이 나오곤 했다.

그렇다면 부모는 자식에게 어디까지 솔직해져도 될까. 갖고 싶은 걸 모두 거머쥐기 위해 최선을 다해 노력해도 될까. 〈와일드라이프〉(2018)는 이 질문에 대한 답을 고민해보는 작품이다. 1960년 아버지 제리(제이크 질렌할)와 어머니 자넷(캐리 멀리건), 아들 조(에드 옥슨볼드)로 이뤄진 가정이 미국 몬태나로 이사한 뒤 벌어지는 일련의 사건을 통해서다. 골프장 손님들의 신발을 닦아주며 생계를 꾸리던 아버지는 어느 날 해고를 당하며 조금 더 그럴듯해 보이는 직업을 찾아야겠다고 마음먹게 된다.

어느 날 아빠가 꿈을 찾아 나섰다

아버지는 TV를 보던 중 산불 진화 작업이 매력적인 일이라고 느끼게 된다. 가족의 만류에도 산불을 끄러 가야겠다며 집을 떠난다. 갑자기 남편이 떠나자 엄마의 내면은 혼란스러워진다. 엄마는 아들에게 "아빠가 날 떠나려는 거겠지."라며 불안감을 드러낸다. 이를 넘어 "아빠와 엄마는 관계를 안 가진 지도 오래됐단다."라며 미성년 자녀에게 털어놓기엔 다소 부적절한 대화 소재까지 확장한다.

엄마는 집안에 밀러라는 남자를 초청한다. 아들이 "그 남자를 좋아하냐?"라고 질문하자 엄마는 "그가 감정이 있다면 가능성은 있다."라고 솔직하게 답한다. 엄마는 아들을 산불 현장에 데려가기도 한다. 화재 현장의 처참함을 보여주며 아들이 아빠에게 정을 떼게 하려는 것이다. 아빠가 살아 돌아오기 힘들 것이란 얘기를 하고 싶었을 것이다. 아들이 "아빠는 괜찮을 것"이라며 애써 마음을 추스르자 엄마는 "그럼 나는 (괜찮아)?"이라고 따지듯 묻는다.

자넷은 아들을 데리고 이웃집 남자를 만난다. 〈출처=KMDb〉

아들에게 연애 고민을 털어놓다

엄마는 급기야 아들을 데리고 밀러의 집으로 간다. 등이 파인 옷을 입은 엄마는 "내 간절함이 담긴 드레스"라고 아들에게 설명해준다. 밀러의 앞에선 이성적 매력을 한껏 발산하려는 듯 여러 가지 춤사위를 선보이다가, 아들이 보고 있단 사실에 갑작스레 부끄러워진 듯 정색하는 것을 반복한다. 두 남녀는 서로를 밀고 당기다 결국 선을 넘고 만다.

아들은 자신이 일하는 사진관으로 부모를 불러 의자에 앉힌다. 〈출처=KMDb〉

진화 작업을 마치고 돌아온 아빠는 이 모든 사실을 알고 분노해 밀러의 집에 불을 지른다. 사회에 기여하는 멋진 일을 해보겠다며 산불과 싸우던 아빠가 방화범이 된 것이다. 욱하는 마음에 남의 집에 불을 붙인 것처럼, 그가 진화 작업을 하러 집을 떠난 것 역시 충동적 행위 그 이상도 이하도 아니었음을 보여주는 대목이다.

부모가 울타리가 돼주지 못하면, 자식은 야생동물처럼 살길을 찾는다

두 부모가 질풍노도의 시기를 지나는 청소년처럼 흔들릴 때, 정작 청소년인 아들은 가장처럼 행동한다. 부품을 사와서 변기를 고치고, 식료품을 사와서 식사를 준비한다. 풋볼을 그만두고, 사진관에 가서 일을 구한다.

야생동물(wildlife)이라는 제목은 이런 아들의 모습을 묘사하기에 적합해 보인다. 부모가 자녀에게 울타리 역할을 해주지 못하면, 자식은 야생동물처럼 제 살길을 찾아 고군분투해야 한다는 것이다. 자녀가 생존의 위기를 느껴서 전투하듯 살아가길 원하는 부모는 많지 않을 것이다. 부모 또한 살아가며 힘든 일을 겪을 수밖에 없지만, 그렇다고 본인 내면의 고뇌를 자녀에게 여과 없이 털어놓는 것은 부모의 역할이 아님을 영화는 보여준다.

※ 고민 있는 날, 씨네프레소 한 잔

어린 자녀에게 부모는 우주입니다. 우주가 흔들리는 모습을 보면 얼마나 불안할까요. 영화는 누군가의 우주인 부모가 져야 할 책임에 대해 이야기합니다.

3) 영화 〈맨체스터 바이 더 씨〉
- 때로는 '하지 않는' 것도 용기다

장르: 드라마 | 감독: 케네스 로너건 | 출연: 캐시 애플렉, 미셸 윌리엄스, 카일 챈들러, 루커스 헤지스 |
평점: 왓챠피디아(3.9/5.0) 로튼토마토 토마토지수(96%) 팝콘지수(78%)

　　많은 영화는 용기에 대해 얘기한다. 로맨스 영화에서 주인공은 상대방
에게 자신의 사랑을 고백하기로 용기 낸다. 공포 영화에서 주인공은 악
령을 똑바로 마주하기로 마음먹는다. 용기를 낸 결과로 성공하면 성공하
는 대로, 실패하면 실패하는 대로 각각 해피엔딩과 새드엔딩 영화로 성
립한다.

리(왼쪽)는 조카 패트릭의 후견인이 되는 것을 주저한다. 〈출처=KMDb〉

그러나 주인공이 용기 내는 것 자체를 포기해버리는 영화는 찾기 어렵다. 인물이 무언가에 도전하기로 결심하지 않는다면 흥미로운 스토리의 필수 요소인 갈등을 만들어내기 어렵기 때문이다.

〈맨체스터 바이 더 씨〉(2016)는 부친 잃은 조카의 후견인이 되길 요구받은 남자의 고뇌를 그렸다. 조카를 무척이나 사랑하는 그는 당연히도 조카를 돕고 싶어 한다. 그러나 남자는 후견인 되기를 쉽게 결정하지 못하는데 그건 트라우마 때문이다. 그는 자신의 부주의로 자녀 셋을 한 번에 잃은 상처를 지니고 있다. 과연 그는 또다시 실패할 것에 대한 두려움을 던져버리고 조카를 책임질 용기를 낼 수 있을까.

영화는 건물 보수 일을 하며 생계를 이어가는 남자 리(캐시 애플렉)의 하루를 비추며 시작된다. 막힌 변기를 뚫고, 물이 새는 천장을 수리하는 등 입주민이 어려워하는 시설 유지 관리 업무로 돈을 벌어 근근이 살아간다. 그가 담당하는 아파트가 너무 노후한 탓에 작업이 고되기도 하지만 더 괴로운 건 주민들의 태도다. 그들은 남 듣는 데서 꺼내기 부적절한 이야기를 리 앞에선 거리낌 없이 한다. 그를 투명인간 취급하는 주민이 태반이다.

리는 자존심이 강한 인물이다. 주민이 갑질을 하더라도 해야 할 말은 한다. 밤에는 술집을 찾아 폭음하며 주간에 쌓인 스트레스를 풀 기회를 노린다. 그의 눈이 분주하게 쫓는 것은 밤을 함께 보낼 여성이 아닌 자신에게 시비를 걸어줄 남성이다. 상대가 먼저 자신을 때려주길 바라며 말싸움을 유도한다. 그런 도발에 넘어가지 않는 상대를 만나면 먼저 주먹을 날려버린다. 그가 자꾸 다대일(多對一) 대결 구도를 만들고 싸움에서 빈번히 지는 것을 봤을 때, 타인을 폭행하는 데서 쾌감을 느끼는 건 아닌 것처럼 보인다.

마치 그는 어떤 강박을 갖고 있는 듯 자신을 궁지로 몰아넣으며 살아간다. 그건 일종의 고행일지 모른다. 사실 몇 년 전만 해도 그는 사랑하는 아내, 어린 세 자녀와 함께 살아가는 밝은 가장이었다. 주변엔 그의 유쾌함을 사랑하는 친구가 끊이질 않았다. 그러나 친구들과의 흥이 과했던 어느 날, 그는 마약과 술에 취해 벽난로에 장작을 여러 개 넣은 채 맥주를 사러 집을 나섰다. 그가 집으로 돌아왔을 때 집은 불에 활활 타고 있었고 세 자녀는 탈출하는 데 실패했다.

스스로를 도저히 용서할 수 없는 실수를 저지른 그는 경찰서에서 자신이 무죄라는 이야기를 듣고 좌절한다. 세 자녀를 방치해 죽음에 이르게 한 죗값을 치르기 원했던 그로선 어떠한 법적 처벌도 없다는 점이 오히려 천형(天刑)처럼 느껴졌던 것이다. 더 나은 조건의 직장을 찾을 수 있을 텐데도 일부러 허드렛일을 전전하고, 절대 이길 수 없는 패거리에 싸움을 걸며 매일 자신에게 벌을 주듯 살아가게 된 계기다.

트라우마 치유되지 않았는데, 조카의 보호자 돼도 괜찮을까

그러던 어느 날 형이 사망하며 그는 선택의 갈림길에 선다. 평소 몸이 약했던 형이 본인 자녀 패트릭의 후견인으로 리를 지목해뒀던 것이다. 조카와는 삶의 터전이 떨어져 있는 데다 라이프스타일이 완전히 다르기 때문에 리는 조카 후견인이 되는 것을 꺼린다. 무엇보다도 그에겐 아직 치유되지 않은 트라우마가 있다. 하지만 조카가 누구보다도 삼촌을 후견인으로 원하고 있다는 사실을 알고 있기 때문에 냉정하게 외면하기도 힘들다. 술독에 빠져 살다 조카를 떠나버린 친모에게 보내는 선택지도 끌리지 않는다.

조카의 보호자가 되는 건 그에게 큰 도전이다. 조카의 후견인이 되기로 하면 더 이상 그는 지금처럼 '엉망인 삶'을 선택할 수 없을 것이다. 보호자로서 책임을 다하기 위해 보다 나은 직장을 알아봐야 할 것이고, 길거리에서도 분노를 자제해야 할 것이다. 자신이 스스로를 안전한 상태로 만들지 못한다면, 조카 역시 위험에 빠질 수 있다. 더 이상 스스로에게 고통을 주며 자녀에게 속죄하는 삶을 살 수 없다.

너는 아직 남을 책임질 준비가 되지 않았다

리의 결단을 앞두고 영화는 인간의 트라우마가 그렇게 쉽게 극복되는 것이 아님을 보여준다. 어느 날 소파에서 잠든 그는 죽은 자식들의 꿈을 꾼다. 세상 천진한 표정으로 그의 옆에 앉은 딸이 리를 흔들어 깨우며 묻는다. "아빠, 우리 불에 타고 있는 거 안 보여?" 꿈에서 만난 딸의 이야기에 화들짝 놀라 깨어난 리는 곧 집 안이 연기로 가득한 것을 발견한다. 프라이팬을 불에 올려둔 채 잠에 빠졌는데, 그것이 완전히 타버린 것이다.

당연히 이 해프닝은 그가 어린 딸을 잃게 된 과거의 사건과 무게감이 다르다. 애들을 방치한 채 외출해서 생긴 화재 사고와 집에서 요리 도중 깜빡 잠든 일을 일대일로 비교하는 것은 공정하지 않다. 그러나 조카와 함께 있던 집에서 발생한 이 사건을 통해 그는 또렷한 마음의 소리를 들은 듯하다. 바로 '너는 아직 누군가를 책임질 준비가 되지 않았다'는 것이다. 앞으로도 리의 죽은 자식은 자주 꿈에 나타날 것이고, 그가 사소한 실수를 할 때마다 조카를 보호하기엔 아직 부족한 사람임을 깨닫게 할 것이다.

　리는 조카에게 어렵게 말을 꺼낸다. 두 사람이 모두 신뢰하는 친구의 양아들이 되라는 것이다. 삼촌이 후견인이 될 수는 없느냐며 울먹이는 조카에게 리가 말한다. "못 버티겠어. 미안해." 그는 아버지를 잃고 외로워하는 조카의 후견인이 돼 그를 위로하는 대신, 조카의 앞에서 자기 한계를 고백하기로 용기를 낸 것이다.

때로는 '하지 않을' 용기가 필요하다

　영화는 관객과 평단의 호평을 두루 받았다. 미국 아카데미 각본상을 비롯해 다양한 영화제에서 수상했다. 그것은 느린 호흡으로 이 영화가 가닿은 사유의 깊이에 대한 인정일 것이다. 인간이 낼 수 있는 용기에는 무엇을 '하기로' 결심하는 것만 있는 게 아니라 '하지 않기로' 마음먹는 것도 있다는 메시지다.

　'하지 않는다'는 게 늘 수동성과 연결되는 건 아니다. 그건 때로 사랑하는 사람을 실망시킬 용기를 필요로 한다. 이 영화에서 리는 후견인이 되지 않겠다고 말함으로써 조카를 낙담시키고 말았다. 의지할 곳 없이 외로워하는 조카에게 버림받는 기분을 준 것일 수도 있다. 그러나 리는 자기 한계를 인정하는 것이 지금 당장 조카를 위로하기 위해 후견인이 되는 것보다 용기 있는 행동이라는 결론을 내린다. 그건 일순간 조카를 실망시키지 않기 위해 후견인이 되기로 결정했다가 자신의 트라우마가 조카까지 삼킬 위험을 받아들이지 않겠다는 결단이다.

후견인이 되지 않기로 한 삼촌은 새로 이사 갈 집에 소파베드를 놓겠다고 말한다. 언제든 조카가 놀러오면 쉴 수 있게 하겠다는 것이다. 두 사람은 리의 자녀들, 그리고 패트릭의 아빠가 죽기 전처럼 배를 타고 낚시를 한다. 후견인이 되는 큰 책임은 떠안지 않기로 결심했지만, 조카의 옆에서 함께 시간을 보내주는 정도의 작은 책임은 계속 감당하기로 한 것이다. 그렇게 시간을 지내다 보면 언젠가 자녀를 잃은 리의 트라우마도, 아버지를 여읜 패트릭의 상처도 예전보다 작아지는 날이 올 것이다. 그때 두 사람은 서로를 위해 조금 더 큰 그늘이 돼주겠다고 용기를 낼 수 있을지도 모른다.

※ 고민 있는 날, 씨네프레소 한 잔

리가 조카의 후견인 되길 거절한 건 자신뿐 아니라 조카까지 지키기 위해서였습니다. 가족을 덜 아껴서가 아니라 진정으로 아끼기 때문에 거절할 때도 있는 것입니다.

4) 드라마 〈우리들의 블루스〉

- 엄마 인생에도 내가 모르는 챕터가 있다

장르: 드라마 | 감독: 김규태 | 극본: 노희경 | 출연: 이병헌, 김혜자, 신민아, 차승원, 이정은, 고두심 |
평점: 왓챠피디아(3.9/5.0)

　　사람은 자기 인생을 일인칭 주인공 시점으로 들여다본다. 반면, 다른 사람은 그의 인생을 관찰자 시점으로 볼 수 있을 뿐이다. 사람이 종종 억울하단 느낌을 받는 건 상당 부분 이러한 시점의 간극에서 온다. 본인의 인생은 일인칭 주인공 시점으로 보기 때문에 그 안에서 자신이 합리적으로 설명하지 못할 행동은 거의 없다. 남이 보기엔 돌발적인 행동도 한 사람의 인생을 통으로 봤을 땐 그 나름의 합리성을 지니는 경우가 많다. 그러나 관찰자 시점으로 내 인생을 파편적으로 바라본 타인들은 일부분만으로 나를 판단하고, 비난할 뿐이다.

드라마 〈우리들의 블루스〉(2022)에는 암 말기인 엄마를 외면하는 중년 남성 이동석(이병헌)의 이야기가 나온다. 엄마 강옥동(김혜자)이 목포에 데려가 달라고 부탁하지만 동석은 거절한다. 지인들은 엄마의 마지막 소원을 외면하는 동석을 모질다고 비판하지만 그는 불효자 취급을 받는 게 억울하다.

남들은 자신의 엄마가 아들을 어떻게 대했는지 속속들이 모른다. 그의 엄마는 남편과 딸이 죽은 뒤 어린 아들을 데리고 아들 친구 집에 첩살이를 하러 들어갔다. 친구 아버지 집에 들어가는 대신 둘이서 열심히 살아보자고 부탁하는 아들의 뺨을 때리고, "이제 어멍(엄마)이라 부르지 마라. 작은어멍이라 부르라."라고 했다.

개와 고양이는 따뜻하게 감싸는 엄마, 정작 나에겐 냉랭한 시선만

사실 그의 지인들은 동석이 어렵게 살았다는 것을 모르지 않는다. 제주도를 배경으로 펼쳐지는 이 드라마 안에서 주인공들은 친구 집에 수저가 몇 개 놓이는지 알 만큼 서로 가깝게 지낸다. 동석이 누나를 잃은 상처를 채 치유하지도 못한 상황에서 그의 엄마가 재가해 아들 마음 생채기를 더욱 깊게 후볐다는 것을 다들 알고 있다. 다만, 이제 그의 모친도 여려질 만큼 여려졌고, 더 이상 볼 날도 얼마 남지 않은 것 같으니 용서

하는 게 동석 본인을 위해서 좋지 않느냐고 묻는 것이다. 돌아가신 후엔 후회만 남을 수 있으니 말이다.

그러나 아무리 가까운 친구와 가족조차도 상대방 인생사를 완벽히 아는 것은 불가능하다. 사람에겐 온전히 이해받기 원하는 마음과 남에게 부끄러운 모습을 숨기고 싶은 심리가 동시에 존재하기 때문이다. 자신이 보는 앞에서 엄마가 친구 아버지와 손잡고 방에 들어가 불을 껐다는 이야기를 어린 동석은 쉽게 털어놓지 못했을 것이다.

그 집 자식들이 자신을 매질할 때, 엄마가 '남의 집 개 맞는 것' 보듯 외면했다는 사실을 맘 편히 고백하지 못했다. 그의 어머니가 길거리 개와 고양이를 사랑스러운 눈길로 쳐다보며 먹이를 챙겨주는 사람이라는 걸 동네 사람들은 다 알고 있다.

정작 자식에겐 따뜻한 시선 한 번 준 적 없단 사실이 그에겐 더욱 치욕스러웠던 이유다. 떠돌이 동물보다도 사랑받을 자격이 없는 존재가 된 듯했던 것이다.

더욱이 엄마가 목포에 가자는 이유는 친구 아빠의 제사를 챙기기 위해서다. 엄마가 첩살이 하던 그 친구 아버지 말이다. 끝내 동석이 엄마와 동행을 결심하는 건 "너도 그 사람 밥 얻어먹었다."라는 모친 말에 동의해서는 아니다. 그녀가 원하는 바를 다 들어준 뒤 그간 쌓였던 질문을 죄다 던지기 위해서다. "제사만 끝나면 내가 무슨 말할지 기대하라."라고 벼르는 동석은 엄마가 죽기 전에 제대로 상처를 한 번 주고 싶어 하는 것처럼 보인다.

"거지 같은 것들 거둬줬더니"란 말에 엄마는 분노했다

제사에 따라 들어갈 생각은 없었던 동석은 1층에서 그 집 형제를 만난 뒤 마음을 바꾼다. 이제 어느덧 중년이 된 그 남자는 점잖은 표정을 하고 있지만, 동석의 눈엔 어린 시절 자신을 때리며 웃던 잔인한 얼굴이 겹쳐 보인다. 거기서 그와 눈을 마주치고도 들어가지 않으면 마치 도망가는 것 같은 인상을 줄 수도 있다. 굳이 제사에 참석한 그는 "그 많던 너네 아방(아버지) 재산 다 말아먹고 겨우 이러고 사냐?"라며 일부러 속을 긁는다.

잠자코 듣고 있던 남자는 동석에게 음식을 던지며 화를 낸다. "너 때문에 우리 아방이 쓰러져서 사지 운신을 못 하다 죽었어. 거지같이 사는 것들 불쌍해서 거둬줬더니 도둑질이나 하고 말이야." 그 말은 두 남자를 간신히 말리던 엄마 강옥동을 분노하게 만들기 충분했다.

"느 어멍, 느 아방이 무사 동석이 때문에 죽어시니? 느 아방이 술 먹어 다치고 느가 배 팔아 땅 팔아 사업 말아먹엉 기가 차 돌아가셔신디. 무사 야일 잡어. 사지 운신 못 하는 느네 어멍 15년, 느네 아방 10년 똥 기저귀 갈아 주멍 종노릇한 돈 내놓으라. 그거 받으면 나가 야가 가져간 돈 갚으켜."

내 인생을 엄마가 다 모르듯, 엄마 삶에도 내가 모르는 챕터가 있다

동석은 엄마가 세상을 뜰 때까지 정식으로 사과를 받지 못한다. 그렇지만 동석의 얼어붙은 마음은 그날 제사를 기점으로 서서히 녹는다. 자신의 편에서 엄마가 진심을 담아 싸워준 것이 수백 번의 '미안하다'는 말보다 더 큰 위로가 된 것이다. 엄마마저 내버린 자식이라는 생각에 상처받았던 동석은 모친이 적어도 자신을 보며 마음 아파하고 있었단 사실에 위로받는다.

동행 이후 그가 용서를 결심한 건 단지 모친이 자신의 편임을 확인해서만은 아니다. 그날 엄마가 분노하며 쏟아낸 말을 통해 그는 한 가지 사실을 깨닫게 됐다. 자기 인생에 엄마가 미처 보지 못한 장면이 있듯, 자신이 엄마 삶에서 못 보고 지나친 챕터도 존재할 수 있다는 것이다. 옴니버스 형식으로 이뤄진 이 드라마는 총 20회의 에피소드를 통해 반복적으로 얘기한다. 내 인생에서 남이 알지 못하는 순간들이 있듯, 내가 친구와 가족의 삶에서 놓치고 지나친 페이지가 반드시 존재한단 것이다. 당신이 용납받길 원하는 만큼, 당신 주변 사람들도 당신의 이해와 용서를 기다리고 있을지 모른다.

※ 고민 있는 날, 씨네프레소 한 잔

아무리 가족이라도 상대 인생의 모든 챕터를 알 수는 없습니다. 가족의 언행을 이해할 때도 행간 읽기의 노력이 필요한 이유입니다.

5) 드라마 〈힐 하우스의 유령〉
– 상처를 보듬으며 더욱 단단해지는 사이

장르: 호러 | 감독: 마이크 플래너건 | 출연: 미키일 하우스먼, 칼라 구기노, 티모시 허튼 |
평점: 왓챠피디아(3.9/5.0) 로튼토마토 토마토지수(93%) 팝콘지수(91%)

살다 보면 누가 상처를 주려 한 게 아닌데도 마음이 할퀴어지는 순간
이 있다. 사고를 당하거나 병에 걸려 몸이 전보다 약해지는 때가 그렇다.
산업 구조가 한순간에 바뀌면서 직장이 문을 닫는 것도 한 예가 될 수 있
을 것이다. 그중에서도 가슴에 깊은 통증을 남기는 것은 바로 소중한 사
람과 사별하는 일이다. 그들 스스로가 나이를 먹거나 천재지변 현장에

있고 싶었던 건 아닐 텐데도 어쨌든 떠나게 되고, 한때 우리 마음에 그들이 자리 잡았던 공간은 공동(空洞)으로 남아버린다. 넷플릭스 드라마 〈힐 하우스의 유령〉(2018)은 사랑하는 사람을 죽음으로 떠나보낸 이들을 위로하는 작품이다. 분명 공포물인데 보고 있노라면 어쩐지 격려받는 기분이다. 죽음이란 무엇인가에 대해 오랫동안 고민해본 사람만이 건넬 수 있는 따뜻한 애도가 느껴진다. 물론 공포물로서 시청자를 소스라치게 놀래는 연출도 빠지지 않는다.

집값 상승 기대해 들어간 집에서 엄마가 죽었다

주인공은 집값 상승을 노리며 힐 하우스에 들어간 크레인가(家) 식구들이다. 아버지 휴 크레인과 어머니 올리비아 크레인은 하자가 있는 집을 매입해 수리하면서 머물다가 그 집이 살 만해졌을 때 매각해 매매차익을 남기는 부부다. 바쁜 생활 속에서도 막내인 쌍둥이 남매 고민을 항상 진지하게 들어줄 정도로 부모로서 역할에 다각도로 충실하려 한다.

오남매는 이사가 잦을 수밖에 없는 가족의 생활 방식에 익숙해진 듯하다. 동화 속에 나올 법한 힐 하우스에 이사할 때 이들은 새집이 가지고 있을 비밀을 하나씩 발견해나갈 것에 대한 기대가 가득했다. 그러나 저택이 지닌 비밀은 사실 잔혹동화에 가까운 것이었음이 드러나고, 오남매의 침실에 드리우던 거무죽죽한 음영은 점차 낮과 일상생활에까지 번져온다.

급기야 엄마 올리비아가 심각한 정신 착란을 일으킨 어느 날 밤, 아빠와 오남매는 힐 하우스에서 탈출하게 되고, 아빠는 엄마가 그 집에서 자살했다고 자녀들에게 전한다.

엄마의 사망이 가족 마음에 남긴 웅덩이

그날 밤 벌어진 일을 유일하게 아는 아버지는 오남매를 지킨다는 명분으로 진실을 덮어버린다. 실제로 무슨 일이 일어났는지 자식들에게 정확히 알려주지 않는다. 그러나 아이들을 보호하려 했던 아빠의 결정은 결과적으로 오남매 각각의 마음속에 점점 커져가는 웅덩이를 남긴다. 공허를 채우기 위해 쌍둥이 중 남자 쪽은 마약에 중독되고, 장녀 설리와 차녀 테오도라는 사람을 경계하는 성격을 갖게 된다. 첫째 스티븐은 유명 작가로 큰돈을 벌게 되는데, 책의 소재로 삼은 것이 식구들의 슬픈 과거사란 점에서 남매들에겐 가장 끔찍한 형제로 여겨진다.

이처럼 아픈 와중에도 이들을 남매로 결속시키는 것은 쌍둥이 중 여자 쪽인 넬리다. 힐 하우스에서 목 꺾인 여인을 보며 영적으로 가장 큰 어려움을 호소했던 넬리는 오빠와 언니, 쌍둥이 루크에게 늘 다정하게 대하려 했다. 죽은 사람이 자꾸 보여 겪었던 수면 문제도 사랑하는 남자를 만나며 해결되는 듯했다. 불행했던 사람은 계속 불운하길 바라는 운명의 장난으로 남편이 죽기 전까지 말이다.

왜 우리 가정에만 나쁜 일이 생길까

작품은 두 가지 시간 축을 넘나든다. 26년 전 힐 하우스에 살던 과거와

7명이 늘 함께하던 가족은 어느 날 밤 엄마만 집에 남긴 채 탈출한다. 아빠는 엄마가 스스로 목숨을 끊었다고 자녀들에게 전한다. 〈출처=IMDb〉

"우리가 죽으면 우리는 이야기가 돼.
그리고 누군가 그 이야기를 할 때면 우리는 그 사람의 곁에 있는 거야.
우리는 모두 언젠가 이야기가 된단다."(올리비아 크레인, 딸에게)

남매들이 모두 성인이 된 현재다. 남은 가족들은 엄마가, 그리고 또 동생이 죽을 수밖에 없었던 이유를 찾아 헤맨다. 현재의 불행이 어디에서 비롯됐는지 알아내기 위해 가족들은 옛 기억을 캔다. 절망적인 일은 왜 우리 가정에만 생기는지 그 원인을 과거와 현재를 엮는 과정을 통해 발견한다.

별것 아니라고 묻어뒀던 순간순간을 가족의 역사로 편입하는 작업이다. 어머니가 죽던 그날 밤 무슨 일이 있었는지 자식들이 아버지에게 묻는다. 갑자기 벽에 생겨 어머니를 화나게 했던 낙서를 실제론 누가 한 것인지까지 무엇 하나 사소하게 넘기지 않는다. 상대방의 시간을 이해하려는 노력을 통해 가족들은 과거와 현재, 미래는 분절된 것이 아니고, 서로 계속해서 영향을 미치는 것임을 알게 된다. 어른은 아이에게 '크면 다 괜찮아지는 문제야.'라고 했던 때를 미안해하고, 아이는 어른에게 '보호자면 그 정도는 감당하는 게 맞지 않느냐'고 말한 것을 후회한다.

인간은 인생에 나쁜 일이 생기는 걸 막을 수 없다. 우연히 이사 간 집이 사실 유령 든 집이었다는 것은 누구의 잘못도 아니다. 드라마를 끝까지 봐도 크레인 집안에 나쁜 일이 이토록 많이 생긴 이유는 뚜렷하게 나타나지 않는다. 여름에 마을에 불어닥친 태풍에 자연의 '악의'가 있는 게 아니듯 사람을 정말 아프게 하는 대부분 사건은 '그저' 일어난다.

그렇기에 우리는 어쩔 수 없이 상처를 입는다. 다만 그 상처를 어루만질 순 있다. 사랑하는 사람들이 옆에서 도와준다면 상처를 치유하는 것을 넘어 더욱 단단해질 수도 있다. 첫 태풍엔 속수무책으로 집을 날렸지만, 다음번 태풍이 불 땐 더 단단해진 방재 시설로 피해를 줄일 수 있는 것이다.

호러물인 이 드라마엔 위로가 가득하다. 분위기는 시종일관 음산한 데다 곳곳에 점프 스케어(Jump scare)를 삽입해 장르에 충실하면서도 보는 이를 따뜻하게 감싼다. 공포와 위로가 유기적으로 연결되는 게 인생의 본질임을 보여주는 것 같다. 인간으로 태어난 이상 우리 대부분은 죽음의 공포를 안고 살아야 하고, 인간이기에 겪을 수밖에 없는 두려움과 슬픔을 서로 쓰다듬는 과정에서 위로를 얻는다. 망자 역시 함께했던 순간의 온기로, 언제나 우리를 위로하듯.

※ 고민 있는 날, 씨네프레소 한 잔

우리는 가족의 기억 속에서 계속 살아갑니다. 내가 전한 온기는 상대방의 체온에 남아 그를 오랫동안 위로합니다. 상처 주는 언행을 줄이고 따뜻하게 보듬어야 하는 이유입니다.

6) 영화 〈인크레더블 2〉

- 한 사람을 똑바로 세우는 건 세상을 구하는 일만큼 귀하다

장르: 애니메이션·가족 | 감독: 브래드 버드 | 더빙: 홀리 헌터, 크레이그 넬슨, 사라 보웰, 헉 밀너,
사무엘 L. 잭슨 | 평점: 왓챠피디아(3.7/5.0) 로튼토마토 토마토지수(93%) 팝콘지수(84%)

위대한 사상가로 추앙받는 마하트마 간디는 정작 큰아들에겐 선한 영
향력을 끼치지 못했다. 간디의 큰아들 할리랄은 남에게 사기를 치고, 알
코올에 중독돼 방탕한 생활을 하며 부친의 명성에 누를 끼쳤다. 인도인
의 정신적 스승이었던 마하트마 간디가 평범한 아들에게 엄격한 잣대를
들이대며 아버지로서 따뜻하게 품어주지 않았던 것이 할리랄이 방황한

이유 중 하나로 해석된다. 이처럼 사회적으로 명망 높은 사람이 정작 자식에겐 존경받지 못하는 사례를 심심치 않게 볼 수 있다. 때론 행복한 가정의 중요성을 설파하는 사람이 실제론 자녀들과 조금의 애착 관계도 형성하지 못하고 있었단 사실이 밝혀져 실망을 안기기도 한다. 밖에선 누군가의 멘토이자 스승, 롤모델이었던 이들은 왜 집에서 자녀들에게 외면당하게 됐을까. 〈인크레더블 2〉(2018)는 존경받는 부모가 된다는 것은 슈퍼 히어로가 되는 것만큼의 노력과 희생이 필요한 일임을 보여주는 영화다.

미스터 인크레더블은 육아를 전담하면서 서서히 생기를 잃어간다. 〈출처=IMDb〉

아이 vs 부모=빌런 vs 히어로?

영화는 슈퍼 히어로를 더 이상 달갑게 생각지 않는 현대사회를 배경으로 한다. 영웅의 개입보다는 제도적 해결을 선호하는 분위기가 사회 전

"제대로만 한다면 육아는 영웅적인 일이야."(에드나 모드)

반으로 확산되면서 '초능력자 가족'의 비범함이 점점 별 의미가 없어지게
된다. 그러던 중 한 자본가가 엄마인 '일라스티걸'을 내세워 슈퍼 히어로
이미지 개선 프로젝트에 시동을 걸며, 아빠인 '미스터 인크레더블'은 육
아에 전념하게 된다.

아빠는 전문성이 필요한 슈퍼 히어로 일 대신 육아를 떠맡게 된 상황

철저한 공부로 육아를 수행하려 했던 아빠는 계속해서 올라가는 육아의 난도에 절망한다. 가족 중 가장 뛰어난 초능력자인 막내 '잭잭'은 벽을 통과하고, 화염을 내뿜기도 한다. 〈출처=IMDb〉

에 자존심이 상한다. 그러나 집에서 애들과 보내는 시간이 길어질수록 그간 아내가 워킹맘으로서 얼마나 어려운 일을 수행하고 있었는지 뼈저리게 느끼게 되고, 그는 육아에 있어서 자신의 전문성 없음에 스트레스를 받는다. 첫째의 남자친구 고민, 둘째의 수학 숙제, 자꾸 불꽃괴물로 변하는 셋째의 신체적 문제까지 철저히 공부해서 돌파해나가려 결심하지만, 하나의 과제가 해결되면 또 다른 걱정거리가 더해지는 육아의 높은 난도에 절망할 뿐이다.

한창 슈퍼 히어로로 이름을 날릴 때보다 다크서클이 더 진해진 아빠는 상황을 통제하려는 마음을 내려놓기로 한다. 영웅으로서 활약할 때는 빌런을 퇴치하면 상황이 종료됐지만, 아이는 시시각각 성장하기에 통제가 불가능하다는 것을 인정한다. '빌런 대 영웅' 구도처럼 '아이 대 부모'의 대결로 육아를 바라보기를 멈춘다. 아이를 자신이 컨트롤할 대상으로 두는 것이 아닌 함께 과제를 풀어나갈 파트너로 참여시키면서 그의 고민은 한층 가벼워진다.

육아는 슈퍼 히어로 일만큼 어렵다

영화는 '슈퍼 히어로'에 '부모'를 대응시키면서 육아에 대한 여러 통찰을 전달한다. 가장 단순하게 생각할 수 있는 메시지는 육아는 세상을 구하는 일만큼 어렵다는 것이다.

그렇기에 육아를 부차적인 일로 생각하는 자세로는 아이를 제대로 양육하기가 불가능하다는 이야기다. 여러 위인이 부모로서 존경을 받는 데 실패한 것엔 아마 이런 이유가 있을지도 모른다. 자신은 세상을 위로하는 위대한 업무를 수행하고 있기 때문에, 가정에서는 위로받는 것으로 충분하다고 쉽게 생각했을 수 있다.

슈퍼 히어로와 부모의 일을 비교한 것은 육아가 얼마나 뜻깊은 일인지 보여주기 위한 차원이기도 하다. 한 사람의 인생을 바로 세우는 일은 수

천만의 목숨을 구하는 것만큼이나 소중한 일이란 의미인 것이다. 자신의 자녀가 세상은 꽤나 살 만한 곳이라고 느끼게 도와주는 것은 대재앙에서 인명을 구해내는 것만큼이나 귀한 일이란 교훈이다.

정신없이 돌아가는 미스터 인크레더블의 육아에 깔깔대다 보면, 육아와 커리어, 가족과 직장에 대한 픽사의 진지한 질문을 마주할 수 있을 것이다.

※ 고민 있는 날, 씨네프레소 한 잔

말 못하던 사람이 노래하게 하고, 누워만 있던 이가 뛰게 하는 게 육아입니다. 슈퍼 히어로의 일만큼이나 무겁게 받아들여야만 하는 거죠.

4.

복잡한 세상,
편견 없이
바라볼 수 있을까

영화는 편견에 도전하는 예술입니다. 많은 작품이 도발적 질문을 던지
며 사회에 깊게 뿌리 내린 선입견과 싸워왔습니다. 때로는 소수자의 편
에 서서 그저 응원하기도 합니다. 고정관념을 깨부수는 작품들을 모아
봤습니다.

1) 영화 〈러브 액츄얼리〉

- 직업적 미소는 사랑의 시그널이 아니다

장르: 로맨틱 코미디 | 감독: 리차드 커티스 | 출연: 마틴 프리먼, 조안나 페이지, 휴 그랜트 |
평점: 왓챠피디아(4.0/5.0) 로튼토마토 토마토지수(64%) 팝콘지수(72%)

〈러브 액츄얼리〉(2003)는 로맨틱 코미디 장르의 대표작이다. '사랑은 어디에나 존재한다'는 메시지로 여러 관객에게 사랑받았다. 현재도 OTT 와 각종 IPTV에서 다수 이용자에게 선택받고 있다. 그러나 2003년 극장 에서 이 작품을 누구보다도 먼저 보고, 그 이후로는 재감상하지 않은 사 람이라면 가히 이 영화를 반만 봤다고 평가할 만하다. 당시 국내 최초 개

두 사람은 정사 신을 찍으며 상대방의 벗은 몸을 다 봤지만, 데이트 할 땐 서로에게 한 걸음씩 천천히 다가간다. 〈출처=IMDb〉

"너무 앞서 나가는 건지 모르겠는데 크리스마스에 술 한 잔 같이 하는 거 어때요? 큰 의미는 두지 않아도 돼요. 그냥 크리스마스니 분위기도 좀 느끼고. 별로 내키지 않는다면 거절해도 돼요."(존)

봉판엔 주요 커플 중 하나인 정사 신 전문 배우들의 이야기가 삭제됐기 때문이다.

정사 신 전문 배우는 연애도 과감하게 할까

옴니버스 구성인 이 영화는 크리스마스를 앞둔 여러 커플의 이야기를

엮어 사랑에 대해 사유한다. 총리와 수행비서, 가수와 매니저, 정신병동
에 입원한 오빠와 그를 돌보는 동생의 관계를 통해 세상엔 다양한 형태
의 사랑이 있음을 그린다. 이성애만 사랑인 것도 아니고, 아이들은 사랑
을 모르는 것도 아님을 보여준다. 가족애나 우정 또한 연인 간의 사랑만
큼이나 가치 있다는 이야기도 빼놓지 않는다.

무삭제판에서 등장하는 정사 신 전문 배우 커플은 촬영 현장에서 일 때문에 만난다. 남자 쪽은 과거 〈티벳에서의 7년〉에서 브래드 피트 대역이었다고 자신을 소개한다.

아마 두 사람은 영화에서 유명 배우의 노출 신에 대역을 서는 전문 배우이거나, 성인영화 배우일 것이다. 두 배우는 날씨, 교통 체증 같은 공통의 화제로 대화를 시작한다. 직장에서 처음 만난 사람들이 어색함을 없애기 위해 보통 그렇듯 말이다.

두 사람은 옷을 입은 채로 정사 장면 리허설을 조심스럽게 시작한다. 이후 노출이 본격화하고, 베드 신 수위도 높아진다. 하지만 두 사람의 이야깃거리는 신임 영국 총리에 대한 평가와 같이 일상적으로 누구나 나눌수 있는 주제에 대한 것이다.

'19금' 영상을 찍는 사람들이라고 해서 처음부터 서로 음란한 소재로 대화를 나누진 않는다.

남자는 정사 신을 찍는 동안 작은 목소리로 조심스럽게 털어놓는다. "이렇게 얘기 나눌 수 있는 사람을 만나서 정말 기뻐요." 애정 신의 수위는 시간이 갈수록 높아지지만, 두 사람은 이렇게 천천히 진도를 나간다. 거절을 당할까 봐 두려워하며 술자리를 제안하고, 그것이 받아들여졌을 때 기뻐하는 모습은 여느 남녀와 다르지 않다. 두 사람의 첫 데이트가 마무리 된 후, 남자는 입 맞추기를 주저하고, 여자가 그 마음을 읽고 키스로 작별 인사를 한다.

이미 서로의 벗은 몸을 본 관계이지만, 둘은 입맞춤을 하는 데도 주저한다. 이게 바로 이 에피소드의 핵심 메시지일 것이다. 두 사람은 촬영 현장에서 키스보다 훨씬 격한 스킨십을 했지만, 그건 어디까지나 두 사람의 직업일 뿐이다. 밖에서 사적으로 데이트를 할 때도 옷부터 벗어젖히는 것은 아니다. 직장에서 상대방의 많은 부분을 알게 됐다고 하더라도 그것은 사적인 친밀함과 엄연히 다르다. 좋은 비즈니스 파트너라고 하더라도 사적인 사이로 발전할 땐, 상대의 마음을 확인하는 단계가 필수적이다. 그렇기에 남자는 여자가 입맞춤으로 화답했을 때 세상을 다 가진 듯 기뻐한다.

'두 사람이 공식 석상에서 어떤 사이이든 사적 관계로 돌입할 땐 한 걸음씩 다가가야 한다.'

어찌 보면 아주 당연한 이야기일 수 있지만, 우리는 주변에서, 또 뉴스에서 이것을 잊은 사람들의 모습을 접하곤 한다. 프랜차이즈 식당과 편의점 직원의 친절함을 자신에 대한 호감으로 착각하고, 고백했다가 단칼에 거절당했다는 누군가의 흑역사 같은 것이 그렇다. 이를 넘어 상대를 스토킹하거나, 왜 마음이 변했느냐며 폭행을 하는 등 범죄를 저지르기도 한다.

유명 정치인과 기업인도 이런 실수에 빠지곤 한다. 상사에 대한 직업인으로서의 친절함을 자신을 향한 호감으로 착각하고, 관계를 급진진시키려다가 망신을 사는 경우를 우리는 지난 수년간 여럿 봐왔다. 직원에 대한 성희롱과 강제추행을 저지른 뒤 나락으로 떨어진 이들도, 어쩌면 직업적 미소를 자신을 사랑한다는 사인으로 읽었을지 모른다. 공적인 관계와 사적인 관계는 엄연히 다르다는 것을 알고, 상대방 의사를 확인하며 한 발자국씩 다가가야 한다는 사실을 그들이 배웠다면 범죄자로 추락하는 일은 없었을 것이다.

※ 고민 있는 날, 씨네프레소 한 잔

성인배우도 연애할 땐 '썸'부터 탑니다. 중간단계를 생략한 애정 표현은 곤란합니다.

2) 영화 〈엘르〉

- '피해자다움'이란 허상

장르: 스릴러·드라마 | 감독: 폴 버호벤 | 출연: 이자벨 위페르, 로랑 라피트, 앤 콘시니, 샤를르 베를링 |
평점: 왓챠피디아(3.6/5.0) 로튼토마토 토마토지수(91%) 팝콘지수(73%)

'독설가'로 불리던 가수 신해철은 인터뷰어 지승호와 만나 자신의 '독기 서린' 논법에 대해 설명한 적이 있다. "적이 두터운 외투를 입고 있다면 예의상 주먹으로 한 대 쳐야 맞는데, 외투가 너무 두껍다면 망치로 때려버리는 거다. 욕먹더라도 망치로 때려야 주먹으로 때리는 효과가 나타난다는 거고, 그래서 적들에게(?) 많은 빌미를 제공하기도 하는 것이

다."(『신해철의 쾌변독설』中)

남의 주장을 들을 준비가 전혀 안 된 상대와 토론할 땐 가장 독한 논법을 써야 그나마 대화가 가능하다는 이야기로 이해된다. 〈엘르〉(2016)를 보며 신해철이 떠오른 것은 이 작품이 이야기하는 방식이 그의 논법과 비슷하게 느껴졌기 때문이다. 이 영화는 '피해자는 착해야 한다'는 편견의 외투를 두껍게 입고 있는 사람들을 망치로 때림으로써 대화의 물꼬를 트려 한다.

경찰에 고발하는 대신 스스로 복수할 길을 찾다

〈엘르〉는 복면을 쓴 괴한에게 성폭행당한 미셸(이자벨 위페르)의 이야기다. 그는 피해를 입은 뒤 경찰에 신고하지 않았다. 호신용품을 사고, 집의 자물쇠를 바꿨다. 본인이 사장으로 있는 게임회사에 출근해 신작에 대해 논의하며 평상시와 변함없는 일상을 보낸다. 공권력의 도움을 받지도 않고, 가까운 사람과 곧장 상담도 하지 않은 미셸을 친구들은 걱정한다.

미셸은 그러나 겉보기처럼 아무렇지도 않은 것은 아니다. 괴한이 그를 습격하던 장면은 불현듯, 그리고 또 자주 머릿속에 떠오른다. 발신자 번호를 감춘 전화와 메시지가 올 때마다 범인이 자신을 보고 있는 건 아닌지 섬뜩함을 느낀다. 못 보던 차가 집 주변을 서성이는 것이나, 창문에 갑자기 참새가 날아와 부딪히는 것도 예민해진 그의 신경을 자극한다. 그는 복수를 상상하며, 홀로 범인을 추적해나간다.

이 작품은 성범죄 피해자 미셸의 이야기를 통해 '피해자 다움'이란 무엇인가에 대해 사유한다. 〈출처=IMDb〉

주인공의 솔직한 욕망, 남에게 피해를 주기도

이 영화는 피해자가 범인을 찾아 응징하는 이야기에 머무르지 않는다. 〈엘르〉 서사가 지닌 특징은 생활인으로서의 미셸이 어떤 사람인지도 여러 각도에서 조명한다는 데 있다. 이를테면 미셸이 가진 편견을 드러내는 것이다. 그는 아들 애인의 출신을 탐탁지 않게 여기고, 본인 모친이 젊은 남자와 연애하는 것을 볼썽사납게 생각한다.

미셸은 자기 욕망에 솔직한 사람이기도 하다. 때때로 그는 윤리적이지 않은 욕구를 발산한다. 자신에게 늘 상냥하게 대해주던 이웃집 부부를 대하는 태도에서 이를 확인할 수 있다. 미셸은 남편 쪽에 마음을 품고 그를 은밀하게 유혹한다. 또 미셸은 가장 친한 친구의 남편과 바람을 피우기도 한다.

윤리적이지 않은 사람은 절대 피해자가 될 수 없는 것인가

감독은 왜 피해자인 주인공에게 이런 성격을 부여했을까. 어쩌면 아직도 이 사회에 널리 퍼진 '피해자다움'에 대한 선입견을 깨고 싶었을지 모른다. 대중은 종종 특정 사건의 피해자가 평상시 보여 온 행실을 근거로 그를 재단한다. 피해자가 평소 노출 있는 의상을 좋아했고, 직장 내에서 복잡한 연애를 했으며, 이성을 만날 기회를 적극적으로 찾아다녔다는 사실은 그가 피해자일 가능성이 없다는 근거로 제시된다. '피해자는 착할 것'이라는 편견은 피해자 운신의 폭을 아주 좁게 만든다.

〈엘르〉의 주인공은 윤리적이라고 보긴 정말 어려운 인물이다. 불륜을 저지르고, 친구를 속인다. 남의 차를 망가뜨리며 주차하는 모습을 봤을 땐 기본적인 에티켓도 부족해 보인다. 무엇보다도 주변인을 바라보는 미셸의 시선은 그 역시 자기 나름대로의 선입견을 지닌 인물임을 보여준다.

영화의 창작자는 다음과 같이 말하는 듯하다. '이 여자는 전혀 착하지도 도덕적이지도 않으며, 굳이 따지자면 남들에게 피해를 많이 주는 쪽이다. 그렇다고 그가 괴한의 습격으로 당한 피해가 없어지는 것인가.' 즉, 부도덕적으로 해석될 수 있는 주인공 미셸의 성격은 '피해자다움'이라는 단단한 선입견의 갑옷을 입고 있는 사람의 주위를 환기시키기 위해 감독이 든 망치가 될 수 있는 것이다.

인간은 평면적이지 않다는 단순한 사실

우리 사회는 여러 사람의 노력을 통해 과거에 비해 선입견이 많이 줄어든 것처럼 보인다. 그렇지만 여전히 '피해자다움'이란 것은 자신의 진영을 방어하는 수단으로 자주 활용되고 있다. 평상시에 2차 가해에 대해 경계하던 이들도 본인의 세력이 가해자로 공격당하고 있다는 생각이 들면 바로 '피해자다움'을 들고 나와 반격한다. 지지하던 정치인이 성범죄자로 지목되면 곧장 피해자의 평소 행실부터 지적하는 행태가 그렇다.

인간은 평면적이지 않다. 집에선 좋은 부모가 집 밖에선 범죄자가 되기도 하고, 직장에선 폭군 같은 상사도 집에선 가정폭력의 피해자일 수도 있는 것이다. 한 사람에겐 여러 측면이 공존하는 것이지, 하나의 팩트가 다른 팩트를 상쇄하는 것은 아니다. 누군가가 평소 부도덕한 인간이었다는 사실로 그 사람이 피해자라는 사실을 지울 수 있는 것도 아니고, 또 어떤 범죄의 가해자라도 다른 순간엔 피해자가 될 수도 있는 것이다. 인간은 스스로도 모르는 측면이 있을 정도로 입체적인 존재라는, 아주 단순하지만 잊기 쉬운 진리를, 감독은 스릴러와 로맨스, 추리물을 유연하게 넘나드는 연출법으로 관객에게 상기시킨다.

※ 고민 있는 날, 씨네프레소 한 잔

설령 그가 천하의 악인이라는 증거가 나와도 '피해를 입었다'는 사실이 없어지진 않습니다. '피해자다움'이라는 편견을 깨는 건 특정 사건의 피해자만을 위한 일은 아닙니다. 우리가 어디서든 더욱 입체적인 존재로 살아갈 수 있게 하는 기반이 될 것입니다.

---

3) 영화 〈비기너스〉

― 사랑은 전염된다

장르: 드라마·로맨스 | 감독: 마이크 밀스 | 출연: 이완 맥그리거, 크리스토퍼 플러머, 멜라니 로랑 |
평점: 왓챠피디아(3.8/5.0) 로튼토마토 토마토지수(85%) 팝콘지수(77%)

　　폭력 부모 밑에서 자란 사람은 아이를 때리는 부모가 될 확률이 상대
적으로 더 높다고 한다. 여러 심리학 연구들, 그리고 통계가 이를 보여준
다. 사람은 부모를 모델로 삼아 그 행동을 모방하기 때문이다. '너는 어렸
을 때 불우한 가정에서 자랐으니 어른이 돼선 행복한 가정을 꾸리게 해
주겠다.' 같은 보상은 동화 속에서나 일어나는 일이다. 어렸을 때 운이 좋

게 사랑 많은 부모를 만난 아이가 성인이 돼 화목한 가정을 만들기 쉽다.

그러므로 부모로서 자녀에게 줄 수 있는 가장 큰 선물은 훌륭한 롤모델이 돼주는 것이다. 화가 나도 대화로 풀고, 절망적 상황에서도 이성을 찾고, 자신의 욕망을 줄이고 타인을 배려하는 모습을 보여주는 것이다. 이런 어른을 보고 자란 자녀는 문제 상황에 닥쳤을 때 엄마, 아빠가 어떻게 했는지를 떠올리며 해법을 모색한다. 만약 아이가 컸을 때 자신의 애인, 배우자와 서로 진실한 사랑을 나누는 사람이 되길 원한다면 부모가 해줄 일은 명확하다. 부모 스스로 본인의 애인과 배우자를 깊이 사랑하는 모습을 보여주는 것이다.

〈비기너스〉(2010)는 어린 시절 부모의 냉랭한 관계를 보고 자란 중년 남성 올리버(이완 맥그리거)의 이야기다. 그는 잘생겼고, 직장에선 전문성을 인정받으며, 자신을 걱정해주는 친구들을 두고 있지만 연인과 깊은 관계를 맺는 덴 번번이 실패한다. 애당초 사랑에 대한 기대가 별로 없기 때문에 이젠 누군가와 만나려는 시도조차 하지 않는다. 그러나 사랑에 실망해온 그의 마음을 한번에 돌릴 만한 여자를 파티에서 만나게 된다. 이번엔 성공할 수 있을까.

퍼즐처럼 딱 들어맞는 짝을 만났는데, 왜 삐거덕댈까

올리버는 애나(멜라니 로랑)가 자신의 온전한 짝이 될 수 있을 거라 기대한다. 그녀가 그를 알아봤기 때문이다. 일러스트레이터로 활동하는 그는 음악 CD용 삽화를 발주한 고객에게 '슬픔의 역사' 같은 것을 그려줬다

올리버는 자기 슬픔을 알아보는 애나에게 푹 빠진다. 그러나 얼마 지나지 않아 두 사람 관계는 삐거덕댄다. 〈출처=IMDb〉

가 퇴짜 맞을 정도로 내면에 깊은 고독을 지닌 인물이다. 친구들은 그 엉뚱한 행동의 원인을 어렴풋이 알고는 있지만 이해하진 못한다. 그러나 파티에서 처음 만난 애나는 그를 보자마자 "슬픈데 왜 파티에 왔죠?"라고 물어본다. 어떻게 알아챘느냐는 올리버의 질문에 애나는 노트에 그의 눈을 그려준다.

그가 그녀에게 강하게 끌리는 또 다른 이유는 애나 역시 자신과 비슷한 슬픔을 가지고 있는 사람이기 때문이다. 성적, 성격적 매력을 지녔을 뿐만 아니라 자신과 내면의 색채가 비슷한 애나에게 올리버는 마음을 뺏긴다. 퍼즐처럼 딱 들어맞는 사람이 있다면 애나일 것 같다. 아울러 배우인 애나는 교양이 있으며, 커리어도 탄탄하다. 두 사람은 완벽한 짝으로서의 조건을 상당 부분 갖춘 셈이다. 하지만 둘이 함께 있는 순간에도 처음 만났을 때처럼 슬픈 눈으로 서로를 바라보는 시간이 점점 늘어나자 무언가 잘못됐다는 생각을 하게 된다.

75세에 "나는 게이"라고 커밍아웃한 아버지에게서 답을 찾다

이 영화는 세 개의 시간 축을 넘나들며 전개된다. 하나는 올리버와 애나가 연인으로서 관계 맺는 현재, 또 하나는 부모의 서먹한 관계를 봐야했던 올리버의 어린 시절, 마지막 하나는 어머니와 사별한 아버지가 커밍아웃한 시점부터 세상을 뜨기 전까지 4년간의 시간이다.

다시 말해 세 개의 시간 축 중 두 개는 현시점에서 올리버가 회상하는 과거다. 올리버는 애나와 조금 더 친밀한 관계로 발전하고 싶지만 사랑에 실패했던 부모를 떠올리며 매번 걸려 넘어진다. 남편 사랑을 갈구했던 엄마, 끝내 이에 화답하지 않았던 아빠의 관계에는 위기를 맞이한 그가 참고할 만한 해답이 없다.

또 하나의 시간 축에서 부친은 조금 다르게 기억된다. 아내를 떠나보낸 75세의 부친은 올리버에게 "사실 나는 게이"라고 커밍아웃한다. 애인을 구하는 광고를 내고 적극적으로 사랑을 찾아 나선다. 그의 파트너는 암으로 투병 중인 아빠를 찾아와 애벌레를 선물해주고, 또 창으로 햇살이 쏟아지던 어느 오후 옆에 나란히 누워 낮잠을 잔다. 두 사람에게도 위기가 찾아오지만, 기다림으로 극복한다.

이성애자 아들, 커밍아웃한 아버지에게 사랑을 배우다

이 영화에서 나오는 과거의 이야기들은 단순히 병렬된 것으로 봐도 무방하지만, 올리버가 기억을 적극적으로 더듬어가는 과정에서 찾은 에피소드로 봐도 좋을 것 같다. 어떻게든 애나와의 사랑만큼은 성공시키고 싶은 올리버가 자신이 과거에 목격했던 2가지 사랑 속에서 해답을 찾는 것이다. 이른바 '정상 가정'을 유지하고 있었던 부모의 관계 속에선 그가 모델로 삼을 만한 내용이 없었다. 그러나 아버지가 커밍아웃을 한 뒤 진짜 사랑을 찾고, 이를 가꾸기 위해 노력했던 4년의 시간엔 여전히 사랑에 '초보자'(비기너)인 그가 모방해도 좋을 만한 이야기가 가득하다. 올리버와 애나, 두 비기너스는 그렇게 서로를 이해하려 한 걸음 뗀다.

사랑은 전염된다

이 영화는 형태가 다른 사랑을 차별하는 사람들에게 질문을 던지는 작품이기도 하다. 이성애자인 올리버는 이성애자 부부 울타리로 묶여 있었던 자신의 부모에게서 사랑을 배우지 못했다. 하지만 아버지와 게이 파트너의 동성애 속에선 이성애자인 자신이 참고할 만한 해답을 찾았다.

사랑은 형태가 아닌 크기가 중요하다는 주장이다. 이성애 커플로 묶여 있든 동성애 짝으로 결속해 있든 그 사랑이 얼마나 크고 진지한지가 중요하다는 의미다. 반면, 관계 속에 사랑이 없다면 어떤 형태로 결합돼 있든지 공허할 뿐이다. 이성애자가 동성애자 커플 사랑 속에서 감동받아 자신의 사랑을 더 발전시킬 수 있고, 그 반대, 또는 어떤 다양한 형태로도 사랑은 확산될 수 있다는 것이다.

동성애는 전염된다는 편견과 혐오에 감독이 '그렇다'고 도전적으로 대

어느 날 75세의 아버지가 자신이 게이라고 커밍아웃한다. 이성애자 아들은 동성애자 아버지의 모습을 회상하며 사랑이 무엇인지 생각한다. 〈출처=IMDb〉

답하는 것처럼 보이기도 한다. 동성애는 전염될 수 있다고. '동성'애라는 형태로 전염되는 것이 아니라 누군가를 아껴주고 싶은 사랑의 욕구를 주변에 전염시킬 수 있다고. 물론 그 반대로 이성애자가 동성애자 사랑의 롤모델이 되어 사랑을 전염시킬 수도 있다.

"불현듯 찾아온 만남에 우리도 모르게 빠지는 거지."(올리버)

따뜻한 색채의 드라마

〈비기너스〉는 휴머니즘에 기반을 둔 따뜻한 작품이다. 등장인물들은 서로를 판단하지 않고 있는 그대로 받아들이려 노력한다. 고령의 아버지가 "나는 게이"라고 밝혔던 순간을 회상할 때 아들은 아버지가 무슨 옷을 입고 있었는지 기억해내려 애쓴다. 그의 관심은 이미 세상을 떠난 아버지를 정확히 추억하는 것이지 자신의 성적 지향을 알고서도 엄마와 결혼한 그를 비난하는 게 아니다. 올리버가 반려견 아서에게 다정히 말을 거는 모습도, 남편에게 냉대당할지라도 아들에게 그 우울을 전가하지 않으려는 엄마의 익살스러움도 포근하다. 인생을 한 번밖에 살지 못하는 우린 어떤 면에서 모두 '비기너스'이니깐 서로의 미숙함을 이해하며 살자고 말을 건네온다.

※ 고민 있는 날, 씨네프레소 한 잔

동성애자는 여전히 편견을 견뎌내고 있습니다. '사회에 동성애를 만연하게 한다'는 건 그들을 옭아매는 선입관 중 하나입니다. 〈비기너스〉는 동성애자 부친을 보고 이성애자 아들이 이성애를 더 깊게 이해하는 서사로 이런 선입견에 도전합니다.

4) 영화 〈플루토에서 아침을〉

- 우리 인생엔 동화가 필요하다

장르: 코미디·드라마 | 감독: 닐 조던 | 출연: 킬리언 머피, 리엄 니슨, 브렌던 글리슨, 루스 네가 |
평점: 왓챠피디아(3.7/5.0) 로튼토마토 토마토지수(57%) 팝콘지수(80%)

자유주의자라면 타인을 그의 정체성이나 취향을 근거로 차별할 이유
가 없다. 그가 남에게 피해를 주지 않는다면 말이다. 그렇기에 소수자 인
권 문제를 다룬 대부분의 영화는 자유주의에 대한 예찬이기도 하다. 남
에게 해를 끼치지 않는 이상 모든 이가 가능한 한 많은 자유를 누리게 하
자는 것이다.

〈플루토에서 아침을〉(2005)은 여장 남자인 패트릭 '키튼' 브래든(킬리언 머피)의 이야기다. 그의 여장으로 인해 피해를 입은 사람은 없지만, 그는 살아가는 동안 자신의 성 정체성 때문에 폭력과 차별에 계속 노출된다. 그럼에도 패트릭은 늘 웃는다. 그는 고통을 느끼지 못하는 무딘 사람이었을까.

양엄마의 화장품과 치마, 구두로 치장한 남자

영화는 패트릭이 유모차를 탄 아기에게 자신이 살아온 이야기를 들려주며 시작된다. 가톨릭 신부인 버나드(리엄 니슨)는 집 앞에서 아기 패트릭이 담긴 바구니를 발견한 뒤 이를 패트릭의 양어머니에게 넘긴다. 양어머니와 누나는 패트릭에게 결코 상냥하지 않았지만, 패트릭은 개의치 않았다. 어릴 때부터 두 사람의 화장품, 치마, 구두를 사용하며 몰래 치장했고 양어머니에게 심하게 혼나고도 멈출 줄을 몰랐다.

다수와 다른 성 정체성, 친부모의 부재에도 그는 외롭지만은 않았다. 친구들이 있었기 때문이다. 패트릭이 학교 작문 시간에 야한 이야기를 쓰다 걸려 혼나도 부끄러워하지 않는 벗들이다. 패트릭이 학교에서 '성전환 수술 잘하는 곳을 아느냐'는 질문을 했다가 꾸지람을 당해도 친구들은 그를 재미있게 여길 뿐이었다. 패트릭의 친구 무리에는 다운증후군이 있는 벗도 함께했는데, 이들은 모두 서로를 따뜻하게 감쌌다. 그들은 친구의 다른 점을 차별의 근거로 생각하지 않고 상대의 매력으로 받아들였다.

패트릭 '키튼' 브래든은 드랙퀸이다. 어린 시
절 부모에게서 버림 받은 그는 어느 날, 엄마
를 찾아 런던으로 떠난다. 〈출처=IMDb〉

사람들은 날 변태라고 욕하고 때렸다…정작 난 아무것도 하지 않았는데

어느 날 패트릭은 자신을 부끄럽게 여기는 양어머니 집을 나와 여행

을 떠난다. 이 여행의 목적은 2가지로 보인다. 하나는 친엄마를 찾는 것

이고, 또 하나는 스스로를 좀 더 깊이 아는 것이다. 자신을 발견해나가

는 과정 중의 일부로 몇몇 남자와의 연애가 그려진다. 그는 진정한 사랑을 찾기 위해 노력한다. 물론 그 남자들은 패트릭을 위험에 빠뜨리거나 그의 상처를 비즈니스에 이용하는 등 미성숙한 행동을 보여주긴 하지만, 패트릭은 순간순간 최선을 다해 사랑한다.

이처럼 패트릭이 자신의 성 정체성을 탐색하고, 여러 동성과 연애하는 동안 누구도 피해를 입지 않는다. 하지만 어떤 사람들은 패트릭이 '다르다'는 이유로 변태로 낙인찍고 상처를 준다. 폭탄 테러 현장에서 살아남은 패트릭을 경찰이 급작스레 용의자로 체포하는 장면에서 이를 확인할 수 있다. 경찰이 패트릭을 무장 테러 단체인 아일랜드공화군(IRA)으로 몰아간 근거는 단지 패트릭이 눈에 띄는 복장을 하고 있었다는 것뿐이다.

이는 타인을 그의 정체성이나 취향을 이유로 탄압하는 것이 얼마나 비합리적인지에 대한 이야기다.

세상에서 '비정상'으로 불리지만 타인에게 해를 입히지 않고 자기 삶을 사는 패트릭과, 스스로를 '정상'으로 수식하면서 남을 '변태'로 규정하고 폭력을 가하는 이들 중 누가 더 '정상'이냐는 질문이다. 자유주의자인 당신은 누구의 손을 들어줄 것인가.

날 때리던 경찰, 날 걱정하는 친구가 됐다

그러나 이 영화는 차별주의자의 폭력성을 폭로하는 데서 그치지 않는다. 그들도 변화될 수 있다는 일말의 가능성을 보여주며 세상에서 차별을 줄이기 위해 무엇이 필요한지에 대한 이야기를 넌지시 건넨다. 예를 들어 패트릭을 감금한 채 자백을 강요하던 경찰은 태도의 변화를 보여준다.

누명을 벗고 석방된 패트릭이 성매매 산업으로 몰리자 소식을 들은 경찰이 그를 찾아온 것이다. 경찰은 패트릭이 매춘보다는 자신을 덜 혹사하고도 돈을 벌 수 있는 합법 스트립 클럽에서 일하도록 도와준다. 처음 패트릭의 의상을 근거로 테러리스트라고 낙인찍었던 경찰이 이제 그를 인간적으로 걱정하게 된 것이다. '비정상'인 줄 알았던 패트릭과 함께 경찰서에서 시간을 보내다가 그도 자신과 별반 다를 것 없는 인간임을 깨달은 셈이다. 우리가 누군가를 막연히 차별하는 것은 어쩌면 서로를 이해할 수 있을 만큼 충분한 시간을 보내지 못했기 때문인지도 모른다는 것이다.

엄마를 찾으려고 했는데, 아빠를 찾게 됐다

영화의 포커스는 다시 패트릭의 친엄마 찾기로 돌아온다. 그는 숱한 역경에도 꿋꿋이 엄마 찾는 일을 지속한다. 그러나 이는 결코 쉬운 작업이 아닌데, 패트릭이 엄마에 대해 아는 정보라곤 그가 미국의 유명 배우 밋지 게이너를 닮았다는 것뿐이기 때문이다. 미궁에 빠진 패트릭은 생계를 해결하기 위해 위의 경찰이 소개해준 유흥업소에서 일하게 되고, 그러던 도중 자신을 양어머니에게 맡긴 신부 버나드의 방문을 받는다. 신부는 패트릭 친엄마의 주소를 알려주며 고백한다. 사실 내가 네 아버지였노라고.

신부가 알려준 주소에서 패트릭은 새 가정을 꾸리고 행복하게 살고 있
는 엄마를 본다. 그리고 엄마에게 자신의 존재를 밝히는 대신 거기서 멈
추기로 한다. 상상의 존재였던 엄마가 실제로 있었음을 안 것만으로 만
족하기로 한 것이다. 가톨릭 사제와의 사이에서 자신을 낳아 키우지도
못했던 엄마의 과거 사정을 이해하고, 그의 현재 인생을 존중하기로 한
다.

그는 이 여행을 통해 엄마의 존재를 눈으로 확인한 것 외에도 선물을
받게 됐다. 바로 아버지를 찾은 것이다. 패트릭은 아버지, 그리고 자신의
미혼모 친구 찰리(루스 네가)와 한집에서 살게 된다. 남들이 망측하다고
손가락질을 하든 안 하든 세 사람은 행복하다.

〈플루토에서 아침을〉은 세상에서 오해받는 이들을 위해 따뜻한 격려
를 담은 영화다. 작품의 중반부에 패트릭은 엄마를 '유령숙녀'라고 표현
하는 이유를 설명한다. "그럼 엄마도 현실도 마치 허구처럼 느껴지죠. 안
그럼 자꾸 눈물이 나거든요."

그는 비극적인 현실을 동화 속 한 장면으로 생각함으로써 고통을 견뎌
냈다. 자신을 차별한 사람들이 남긴 생채기, 부모에게 버려졌다는 마음
한구석의 상처가 불쑥불쑥 떠올랐지만, 슬픔이 자기 인생을 잠식하도록
내버려두지 않았다.

비감(悲感)에서 빠져나와 인생을 지속할 수 있도록 하는 장치로 '서사'

를 선택한 것이다. 자기 인생의 커다란 서사를 계속해서 상상하며 현재의 슬픔을 조금 떨어져서 바라본 것이다. 언젠가 해피 엔딩으로 마무리될 인생 속에서, 지금의 슬픔은 작은 점에 지나지 않을 테니 말이다.

※ 고민 있는 날, 씨네프레소 한 잔

영화에서 패트릭은 누구에게도 피해를 주지 않습니다. 그가 변태라며 놀리는 사람들이 폭력을 행사하는 동안에도요. 어느 쪽이 사회에 해를 끼치는 존재인지 생각해 볼 일입니다.

5) 영화 〈마더〉
- 자기 의지로 존엄성을 내려놓는 사람은 없다

장르: 미스터리·스릴러·드라마 | 감독: 봉준호 | 출연: 김혜자, 원빈, 진구, 송새벽, 문희라 |
평점: 왓챠피디아(3.6/5.0) 로튼토마토 토마토지수(96%) 팝콘지수(89%)

청소년 성매매 범죄 소식은 공분을 일으킨다. 매수자에 대한 강경한 처
벌이 합리적이라는 데에 사회적 공감대가 있다. 여론이 갈리는 지점은
성매매 피해 청소년에 대한 부분이다. '아동·청소년의 성보호에 관한 법
률'(청소년성보호법) 제38조 1항에 따라 성매수 상대방이 된 아동·청소
년에 대해서는 처벌하지 않는데, 일각에선 이것이 형평성에 어긋난다는

주장이 나온다. 영악한 청소년이 쉽게 돈을 벌기 위해 성매매 행위에 가담했다면, 매수자와 마찬가지로 처벌 대상이 돼야 맞지 않느냐는 주장이다.

한국 사회에서 모성이 갖는 의미를 고민한 봉준호 감독의 〈마더〉(2009)는 성매수 상대방인 청소년을 어떻게 볼 것인지에 대한 질문도 던진다.

영화 초반 살해당한 고등학생을 청소년 성매수 피해자로 설정하면서다. 마을의 남성들은 그녀에게 대가를 지불했기 때문에 쌍방의 거래라고 생각하는 것으로 보인다. 과연 〈마더〉에서 여고생과 남성들은 서로 동등한 위치에서 '거래'에 참여한 것일까.

'우리 아들이 범죄자일 리가 없다'는 맹목적 믿음

영화는 20대 후반 백수인 도준(원빈)이 살인범으로 지목되며 시작된다. 어느 날 같은 동네 고등학생인 문아정(문희라)의 시체가 건물 옥상에서 발견된 사건이다.

도준 엄마(김혜자)는 순수한 아들이 살인을 저질렀을 리 없다고 생각하고 그의 누명을 벗기기 위해 백방으로 노력한다. 사건을 빠르게 종결 처리하는 데만 관심 있어 보이는 경찰과 돈만 밝히는 변호사를 도준 엄마는 믿지 못한다.

피살된 문아정이 어떤 사람인지 탐문하던 도중 도준 엄마는 피해자가 성매수 남성들을 다수 상대했음을 알게 된다. 성매수 남성들은 문아정의

"사실은 우리 아들이 안 그랬거든요."(도준 엄마)

경찰도 변호사도 믿지 못하는 도준 엄마는 스스로 아들을 보호하려 모든 방법을 동원한다. 〈출처=KMDb〉

휴대전화기가 공개될까 봐 전전긍긍하는데, 그녀가 상대 남성 사진을 모두 찍어뒀기 때문이다. 도준 엄마는 사진에 얼굴이 찍힌 남성 중 하나가 진범일 것이라고 확신하고 그에게 자백을 유도하기 위해 찾아가지만, 오히려 엄마가 발견하는 건 그 남성이 도준의 여고생 살해 현장을 직접 본 유일한 목격자란 사실이다. 엄마는 그를 죽임으로써 완전 범죄를 시도한다는 게 이 영화의 골자다.

이 작품은 '국민 엄마' 김혜자를 내세워 한국 사회에서 모성 신화의 속성을 탐구한다. "우리 아들이 안 그랬거든요."라는 도준 엄마의 해명은 "우리 아들이 그래서는 절대로 안 된다."라는 맹목적 믿음으로 변질돼 뻔히 드러나 있는 사실마저도 은폐하게 만든다.

도준 엄마의 경우 봉준호 감독이 영화 주제를 선명하게 드러내기 위해 극단까지 밀고 간 비현실적 캐릭터이지만, 자식의 크고 작은 범죄를 인지하고도 그의 앞길을 위해 진실을 덮으려 드는 비뚤어진 모성에 대해 우리는 많이 보고 들었다.

작품에선 피해자 문아정의 이야기를 통해 청소년 성매매에 대한 고민까지 드러낸다. 문아정에게 성매매를 하라고 직접적으로 강요한 사람은 아무도 없다. 돈 대신 쌀이라도 받고 성판매를 했던 문아정은 누군가의 시선에선 자발적인 성매매 참여자다. 납치당하거나 협박받지 않은 성매매 참여 미성년자를 다룬 기사에선 해당 청소년에 대한 비판적 시선을 드러내는 댓글이 자주 눈에 띈다. 그들은 성매수자뿐 아니라 이미 알 걸 다 알면서 쉽게 돈 버는 방법을 택한 청소년도 처벌해야 한다는 주장을 한다.

도준 엄마가 진실을 파헤치며 드러나는 문아정의 형편은 과연 그녀가 '자발적' 성판매자인지 질문하게 한다. 치매 할머니를 홀로 돌봐야 하는 상황은 고등학생인 그녀가 감당하기엔 가혹했다. 당장 할머니와 먹을 식량도 없기에 그녀는 쌀을 받고라도 성판매에 나선다. 성매수에 참여한 남성들은 그녀의 이런 상황을 알고 있는 경우가 다수였다. 자신은 범죄를 저지른 게 아닌 그녀를 '원조'한 것이라며 죄책감을 덜어낸 사람도 있을 것이다.

영화에서 도준이 문아정을 죽이는 과정은 우발적 사고로 그려진다. 도준은 문아정을 따라가다가 "남자가 싫냐?"라고 묻는데, 그녀에게선 "난 남자가 싫다. 말 함부로 하지 마, 바보야."라는 답변이 돌아온다.

그녀의 대답을 듣고 이성을 잃어 돌을 던진 것이다. 감독은 평소에는 착하던 도준이 '바보'라는 소리만 들으면 분노하는 모습을 몇 차례 복선으로 심어뒀다.

도준 혼자 문아정을 죽였을까… 그녀 영혼을 조금씩 상하게 한 이들의 책임

그렇기에 이 영화는 도준이 문아정을 살인했다는 진실이 밝혀지는 내용인 동시에, 그녀의 성을 매수한 모든 남성에게 죽음의 책임을 묻는 이

야기이기도 하다. 기억력에 문제가 있긴 하지만, 사리 분별은 분명하게 하는 것으로 그려지는 도준 역시 그녀에게 '남자가 싫냐'고 물을 때, 일종의 성적 기대를 갖고 있는 것으로 보인다. 살인은 하지 않았지만 그녀의 핸드폰이 공개될까 전전긍긍하는 성매수남들은 자신의 잘못을 알고 있다. 직접 목을 조르진 않았다고 하더라도 결국 자신들이 그녀의 영혼을 조금씩 죽였음을 자각했던 것이다.

영화는 그녀에게 돌봄 노동의 짐을 오롯이 지게 한 사회의 책임을 묻기도 한다. 생계 걱정 없이 공부만 해도 됐다면 그녀는 성매매에 발을 들이지 않았을 것이다. 성매수남과 함께 있을 때 문아정은 삶에 어떤 의지도 없는 표정으로 '지겹다'란 말을 한다.

사람의 의지가 그 어느 때보다도 강할 시기에 삶이 지겹다는 생각을 불어넣은 것은 결국 소녀 가장을 복지 사각지대에 방치한 사회의 탓이기도 한 것이다.

'아동·청소년의 성보호에 관한 법률'(청소년성보호법) 제38조에는 성매매 상대방이 된 아동·청소년을 처벌하지 않는다고 적혔다. 일각의 지적처럼 어떤 청소년은 집안의 지원이 충분하고, 어떤 협박을 당하지 않음에도 단지 사치를 하기 위해 성매매에 나서기도 할 것이다.

이 법이 그런 사례를 굳이 처벌 대상으로 따로 분류하지 않는 것엔 여러 목적이 있겠지만, 원치 않게 성매매로 내몰린 여러 문아정을 보호하려는 취지가 있지 않을까. '내가 원해서 인간적 존엄을 일정 부분 내려놓은 것이 아니다.'라는 걸 스스로 입증하는 부담까지는 지게 하지 않으려는 일종의 사회적 배려일 것이다.

※ 고민 있는 날, 씨네프레소 한 잔

쉽게 돈 벌려고 했기 때문에 성매매 피해 청소년도 처벌해야 한다는 의견이 있습니다. 과연 문아정에게 그건 '쉬운' 돈벌이었을까요. 고등학생 신분으로 돈을 벌어 치매 걸린 할머니를 돌봐야 하는 극단적 상황이 아니었다면 문아정 또한 자신의 존엄성을 내려놓지 않았을 겁니다.

6) 영화 〈색, 계〉

- 이분법은 삶의 다양한 결을 묻어버린다

장르: 로맨스·드라마·역사 | 감독: 리안 | 출연: 양조위, 탕웨이 |
평점: 왓챠피디아(3.6/5.0) 로튼토마토 토마토지수(72%) 팝콘지수(84%)

일각에선 최근 영화계가 소수자 서사에 매몰돼 있다고 지적하지만, 영화는 매체 특성상 아무래도 소수자를 조명하기가 쉽다. 일상적이지 않은 이야기를 통해 현재와 다른 세상을 상상하고 세계관을 넓히고자 하는 것은 영화를 관람하는 오래된 동기이기 때문이다. 여기서 소수자란 꼭 성소수자나 소수 인종을 의미하는 건 아니다. 다수와는 다른 선택을 내린 소수의 삶을 들여다보며 우리가 당연하게 여기는 것이 사실은 당연하지 않을지 모른다는 질문을 하게 만드는 것이 영화와 문학, 연극의 소명이다. 예술이 그런 역할을 하지 않았다면, 우리는 어쩌면 더 오랜 기간 신분제와 인종차별, 신정(神政)을 당연하게 여기는 사회에 살았을지도 모른다.

리안 감독의 〈색, 계〉(2007)는 일본 제국주의가 세를 확장하던 시기 친일파를 사랑하게 된 중국인 여성을 그린 영화다. 그녀는 더군다나 친일파 처단이란 중차대한 임무를 맡고 있었기에 더욱 큰 딜레마에 봉착한다. 역사의 중요한 순간에 사사로운 감정에 흔들리는 그녀를 어떻게 평가해야 할 것인가. 친일파를 사랑한 그녀는 친일파인가.

민족을 배신한 친일파를 미인계로 꾀어 암살하겠다

주인공 왕자즈(탕웨이)는 1930년대 후반, 홍콩 링난대학에 입학한다. 광저우 출신인 그는 중일전쟁이 발발하고 난징이 일본군에 점령당하자 피난을 위해 홍콩에 가게 됐다. 광위민이라는 선배를 사모하게 된 왕자즈는 그의 권유에 따라 연극 서클에 가입하고 그곳에서 시민의 애국심을 고취하기 위한 연극을 하게 된다. 그러나 나라를 향한 광위민의 사랑은 연극을 통해 애국심을 불러일으키는 수준에 그치는 것이 아니었다. 그는 일본 괴뢰 정부인 왕징웨이 정부의 방첩기관장 이모청(양조위)이 홍콩에 왔다는 사실을 알게 되고 연극부원들을 변장시켜 그를 암살할 계획을 세운다. 왕자즈는 밀수 사업가인 막 부인으로 분해 그를 미인계로 꾀어 죽이는 핵심 역할을 맡겠다고 자청한다.

왕자즈는 작전 도중 암살 대상인 친일파와 사랑에 빠져 내면의 갈등을 겪는다. 〈출처=IMDb〉

　위험을 무릅쓰겠다는 왕자즈의 동기는 일차적으로 선배인 광위민에
대한 호감에서 비롯된 것으로 보인다. 그러나 그녀가 단지 선배의 환심
을 사기 위한 목적으로 목숨을 내놓고 스파이 역할을 하는 것은 아니다.
그녀의 마음속엔 일제, 그리고 친일파에 대한 분노가 있다. 궁핍한 동포
들의 생활상을 비추는 왕자즈의 '시점 숏'(캐릭터 시점에서 보이는 것을
보여주는 숏)이 이를 보여준다. 일제에 저마다 줄을 대서 부유하게 살고
있을 마작 모임의 인물들이 비싼 차를 마시고 쿠키를 먹는 동안, 그녀의
동포들은 빵 한 조각을 구하기 위해 거리에서 긴 줄을 선다. 친일파들이

부정한 권력과 결탁해 호의호식하는 동안, 거리에서는 동포들이 일본 군경의 폭력에 무릎을 꿇고 있다.

친일파를 사랑하게 됐습니다

연극부원들의 첫 암살 계획은 허무하게 실패한다. 의심이 많은 이모청이 상하이로 돌아갔기 때문이다. 그로부터 3년 뒤 왕자즈는 일제 치하인 상하이로 이주하고, 그곳에서 광위민을 다시 만난다. 국민당 요원의 눈에 든 광위민과 연극부원들은 상하이에서 이모청 암살을 지속적으로 도모하고 있었다. 왕자즈는 이들과 함께 다시 한번 애국을 위한 작전을 감행하게 된다.

이모청은 왕자즈와 재회한 뒤 자기 마음에 더 솔직해진다. 이모청은 그녀가 스파이가 아닐 것이라고 믿고 둘 사이를 본격적인 연인 관계로 발전시킨다. 이모청이 왜 왕자즈를 신뢰하게 됐는지 영화는 몇몇 대사를 통해 들려주지만, 크게 설득력 있게 다가오진 않는다. 어쩌면 이모청은 그녀가 자신을 사랑한다고 믿고 싶었을지 모른다. 민족을 배신하고, 자국민에겐 매국노로 취급받으며, 늘 암살당할 것을 걱정해야 하는 불안한 친일파의 삶에도 기댈 곳이 필요했던 것이다.

왕자즈는 친일파를 처단하기 위해 사랑을 연기하는 동안 '진짜 사랑'에 빠지게 된다. 영화는 왕자즈가 이모청에게 빠지는 과정에서 그녀를 위한 변명거리를 늘어놓지 않는다. 이를테면 이모청은 원래 그렇게 나쁜 매국노가 아니었다든지, 왕자즈가 이모청을 갱생시킬 길을 발견했다든지 하는 서사가 별로 없다. 그런 변명거리가 깔려 있었다면 이 영화가 보여주고자 하는 딜레마를 선명하게 드러내는 데 오히려 방해됐을 것이다. 감독은 친일파, 매국노로서의 이모청 본질은 그대로 남겨둔 채 일종의 독립운동가인 왕자즈가 그에게 빠져들도록 함으로써 또렷한 질문을 들려준다.

그건 국가를 위한 임무를 수행하던 도중 민족 반역자와 사랑에 빠진 그녀를 정죄할 수 있느냐는 물음이다. 친일파를 제거한다는 대의명분을 잊을 정도로 그녀는 이모청에게 매혹된다. 개인의 감정이라는 것은 역사적 사명보다 더 뒤에 놓여야 하는 것인가. 세상을 구하고 자기 인생의 사랑을 죽음으로 몰아간다면, 왕자즈는 제정신으로 남은 삶을 살아갈 수 있을까. 영화는 무엇이 정답인지 강요하지 않는다. 다만 왕자즈가 사랑을 지키기로 결심하면서 연극부원들의 작전은 수포로 돌아간다.

친일과 반일, 이분법 속에 묻혀 버린 다양한 삶의 결

친일파를 사랑해서 목숨을 살려준 그녀의 행위는 친일인가. 왕자즈에게 감정을 이입하며 영화를 본 사람이라면 선뜻 그렇게 대답하기 어려울 것이다. 이모청은 분명한 친일파이지만, 그를 사랑한 왕자즈의 동기를 친일로 설명하는 건 무리다. 오히려 이 영화는 친일과 반일로 세상을 나누는 '흑백의 경계선' 주변에는 친일로도 반일로도 설명되지 않는 다양한 색깔이 존재함을 이야기한다. 친일 또는 반일로 똑 부러지게 규정할 수 없는 복잡한 삶의 맥락도 있는 것이다. 이렇듯 영화를 포함한 예술은 본디 우리가 미처 보지 못했던 색을 보여줌으로써 인식의 지평을 확장해주는 역할을 한다.

〈색, 계〉는 2007년 작품이고, 원작 중편소설은 1950년대에 창작이 시작돼 1979년 발표됐다. 대만 영화감독인 리안은 지금으로부터 15년 전에, 중국계 미국인 장아이링은 약 70년 전에, 친일과 반일이라는 이분법 속에 묻혀버린 개인의 감정을 예리하게 발라내 보여줬다. 2020년대 한국에서는 아직도 남의 행위를 쉽게 비판하기 위해 '친일파'나 '김일성주의자' 같은 프레임을 씌운다. 이 프레임은 여전히 강력해서 비판받는 사람의 원래 주장이 무엇인지에 대한 이야기는 사라져버리고 '친일이냐 아니냐?', '종북이냐 아니냐?'에 대한 싸움만 남긴다. 우리 사회는 다름에 대한 이야기가 과잉된 것이 아니라 여전히 부족한 것인지도 모른다.

※ 고민 있는 날, 씨네프레소 한 잔

탕웨이는 〈색, 계〉 출연 이후 상하이 친일정부와 변절자를 미화했다는 비판을 받은 데 이어 중국 당국의 퇴출령까지 받습니다. 하지만 이 영화가 이모청을 보는 시각은 '미화'와는 거리가 있습니다. 단지 그 또한 감정을 가진 인물임을 드러내고, 또 최종적으로 살아남는 사람으로 그려낼 뿐이죠. 그런 이유로 이 작품이 친일파 미화 영화라는 비판을 받았다면, 이 영화 자체가 이분법적 시각의 피해를 입었다고도 볼 수 있겠습니다.

5.

이기주의 팽배한 세상, 먼저 손 내밀 수 있을까

정도의 차이가 있을 뿐 인간은 누구나 자기중심적입니다. 자신에게 별 문제가 없으면 세상도 평화롭게 돌아가고 있으리라 착각하기 쉽습니다. 이번 장에는 자기중심성을 극복하고 남에게 먼저 손을 내민 주인공, 그리고 먼저 손 내밀어준 사람이 없어 곤란에 빠진 이들의 이야기를 담아 봤습니다.

1) 영화 〈노예 12년〉
- "나만 아니면 돼"를 넘어서

장르: 드라마·역사 | 감독: 스티브 매퀸 | 출연: 추이텔 에지오포, 마이클 패스벤더, 베네딕트 컴버배치 |
평점: 왓챠피디아(3.8/5.0) 로튼토마토 토마토지수(95%) 팝콘지수(90%)

2021년 10월 대법원 2부는 n번방 주범 조주빈에게 42년형을 확정했다. 여성을 노예로 부르며 물건처럼 다룬 그는 사회에 큰 충격을 안겼다. 조주빈과 엮이기 전까지만 하더라도 자유로운 생활을 하던 피해자들은 순식간에 그에게 성적 착취를 당하는 신세로 전락했다. 헌법을 통해 만인의 평등을 보장하는 현대사회에서 가해자들은 노예제가 유지되는 자신들만의 SNS 세상을 만들어 피해자 인권을 짓밟고 있었던 것이다.

〈노예 12년〉(2013)은 노예제가 존재하는 사회의 근본적 문제를 파고든 작품이다. 가족들과 뉴욕주 새러토가에서 자유로운 생활을 하던 바이올린 연주자 솔로몬 노섭(추이텔 에지오포)은 1841년 돌연 납치돼 노예 수용소로 보내진다. 플랫이라는 이름이 붙여진 그는 노예주(州·노예제를 인정하던 미국 남부의 여러 주)로 팔려가 채찍질을 당하며 목화를 따게 된다.

미국 노예제 폐지되자 횡행한 흑인 납치

솔로몬 노섭이 납치된 1800년대 미국은 노예제도를 기준으로 남부의 노예주와 북부의 자유주로 구분됐다. 당시 목화 생산이 급증하며 노예 수요도 올라갔고 1790년부터 1808년까지 미국으로 노예 약 8만 명이 수입됐다. 1808년에 노예 수입이 금지된 이후 미국 전역에서 자유인 신분의 흑인을 납치해 인신매매하는 사건이 횡행했다.

이 영화는 1841년 납치돼 1853년까지 노예 생활을 했던 솔로몬 노섭의 실화를 바탕으로 했다. 그는 자신을 곡예단에 섭외하고 싶다는 두 백인 남성과 술을 마시다가 깨어난 뒤 쇠사슬에 결박된 스스로를 발견한다. 두 남성은 그를 노예상에게 넘기고 흔적도 없이 사라졌다. 솔로몬 노섭은 노예상에게 "난 자유인이고 새러토가에 산다."라고 목소리 높인다.

노예상은 "넌 자유인이 아니고 새러토가 출신도 아니며, 조지아에서 도망친 깜둥이"라면서 매질을 한다. 이어 그와 다른 흑인들을 세워놓고,

여러 고객을 불러 쇼핑하게 한다. 고객이 흑인의 건강 상태를 궁금해 하면 뛰어보도록 시키고, 입을 벌려 치아를 보여주며, 몇몇은 옷을 아예 벗겨 놓는다.

자유인이었던 솔로몬 노섭은 어느 날 납치돼 노예로 팔려간다. 〈출처=IMDb〉

일련의 과정은 흑인들을 종속 상태에 놓으려는 심리적 조종이다. "너희들은 그냥 상품처럼 판매되는 존재일 뿐"이라는 메시지를 반복해서 전달하는 것이다. 부당한 대우에 항의했을 때 가축을 다루듯 채찍질을 가해 주인에게 굴종하도록 만드는 것이다. 이것이 거듭되면 언젠가 탈출해서 자유인이 되겠다고 마음을 먹은 사람이라도 일단 목숨을 부지하기 위해 웬만한 굴욕은 견디게 된다.

선한 노예 주인은 존재하나

〈노예 12년〉에는 두 부류의 노예 소유주가 등장한다. 하나는 노예의 권리를 최대한 보장해주는 선한 주인이다. 포드(베네딕트 컴버배치)는 노예상이 노예 딸과 엄마를 따로 떼서 팔려고 하자 "최소한의 양심도 없냐?"라고 묻는다. 노예들도 휴식할 수 있게 배려해주고, 그들 의견 중 합리적인 것은 채택한다. 포드는 솔로몬 노섭에게 감사의 표시로 바이올린을 선물하기도 한다.

또 다른 주인은 노예를 최대한으로 착취하는 에드윈 엡스(마이클 패스벤더)다. 그는 한밤중에 자신의 흥을 돋우기 위해 노예들을 깨워 춤을 추게 한다. 걸핏하면 채찍질을 하고, 여자 노예에 대한 성희롱도 빈번하다. 노예에게 감정이 있다는 생각은 하지 않으며, 오로지 자신의 재산으로 관리할 뿐이다.

같은 노예 생활이라도 엡스보다야 포드 집에서 하는 편이 나은 건 당연하다. 일부 주인들은 흑인 노예가 자신을 위해 충성을 다하는 모습을 보이면 관리직을 부여하고, 시종도 부릴 수 있게 해줬다. 솔로몬 노섭의 삶은 주인이 엡스로 바뀐 후 훨씬 고달파졌다. 엡스는 노섭이 다른 노예에게 채찍질하는 상황까지 강요한다.

그러나 포드 역시 노예 주인일 뿐이다. 영화엔 그가 솔로몬 노섭이 자유인 출신이었던 걸 아는 듯한 정황이 몇 차례 포착된다. 포드의 양심은 '노예들에게 잘해줘야 한다'까지는 미치지만 '노예를 두는 건 인륜에 어긋난다'로 도약하지 못한다. 노예를 부리는 삶의 안락함을 포기할 수 없기 때문이다.

나만 노예가 아니면 되는 건가

솔로몬 노섭은 10년 넘게 노예 생활을 하면서도 자신이 노예라는 사실을 내면으로 받아들이지 않았다. 늘 자유를 되찾는 순간을 갈망했다. 도망갈 길을 탐색하고, 친구들에게 보낼 편지를 썼다. 결국 노예제는 불의한 것임에 동의하는 베스(브래드 피트)의 도움을 받아 친구에게 연락하고 가족들과 상봉하게 된다.

이 영화는 솔로몬 노섭이 빼앗겼던 자유를 회복하는 작품인 동시에, 자유인인 노섭의 성장기이기도 하다. 그는 처음 노예상에게 잡히던 날부터 기회가 될 때마다 "나는 원래 자유인"이라고 강조한다. '나는 원래 노예가 아니기에 이런 취급을 받아선 안 된다'는 뜻이다. 그러나 그는 노예인 흑인들의 삶을 10년 넘게 들여다보며 뼈저리게 느낀다. '원래 노예 취급을 받아도 되는 사람은 없다'는 걸 말이다. 그는 자유인이 된 뒤 『노예 12년』을 출간해 미국의 민낯을 폭로하고, 노예제의 폐해에 대해 강연하며 노예 탈출을 도왔다. "내가 자유인이라고 이 세상이 자유로운 건 아니다."라는 깨달음에 도달했기 때문일 것이다.

그렇기에 이 작품은 현대 사회의 관객들에게도 의미가 있다. 역사상 가장 많은 자유를 누리고 사는 시대이지만, 한쪽에선 n번방, 염전 노예,

포드는 선한 주인이다. 노섭에게 감사를 표시하며 바이
올린을 선물한다. 그러나 그의 양심은 노예제도가 반인
륜적이라는 데까지 미치지 못한다. 〈출처=IMDb〉

"목숨을 건지고 싶지 않소. 살고 싶지."(솔로몬 노섭)

어린이 강제 노동 등 현대판 노예제로 고통받는 사람들이 있다. 학교, 군대, 직장에서의 폭력에 신음하는 사람들도 있다. 내가 운이 좋아 그런 폭력을 당하지 않는 세상에 태어났다고 "나만 아니면 돼."를 외치고 살 것인가. 아니면 더 자유롭고 평등한 세상을 만들기 위해 작은 실천이라도 할 것인가. 약 200년 전의 실화가 우리에게 던지는 질문이다.

※ 고민 있는 날, 씨네프레소 한 잔

자유인 솔로몬 노섭은 '남의 일'이었던 노예제가 사실 '자기 일'이었음을 깨닫게 됩니다. 이것은 단지 아프리카계 미국인에게만 적용되는 이야기가 아닙니다. 누군가의 약점을 잡아서 착취하는 세상에선 내 약점도 언젠가 착취 대상이 될 수 있는 것입니다.

---

2) 영화 〈미안해요, 리키〉

- 내가 편해진 만큼 누군가는 불편해진다

장르: 드라마 | 감독: 켄 로치 | 출연: 크리스 히친, 데비 허니우드, 리스 스톤 |
평점: 왓챠피디아(4.0/5.0) 로튼토마토 토마토지수(87%) 팝콘지수(81%)

"그녀의 장례식을 민영화하자. 경쟁입찰에 부쳐 최저가에 낙찰시키
자."

2013년 마거릿 대처의 죽음으로 많은 영국인이 슬픔에 빠진 가운데 한
남자가 트위터에 이같이 올렸다. 대처가 비용 감축과 효율성 제고를 목
표로 다수 공기업의 민영화 작업에 집중했던 것을 비판한 트윗이었다.

이 남자의 이름은 켄 로치로 칸영화제 황금종려상을 두 번이나 받은 영국의 영화감독이다. 노동 계급과 빈민층의 이야기를 따뜻한 시선으로 그리며 '블루칼라의 시인'이라는 별명을 얻었다. 사회 공공성 회복을 이야기해온 그의 입장에서 민영화, 억압적 노동정책, 기업 감세로 영국에 신자유주의 바람을 불러일으킨 대처는 추모만 하기엔 복잡한 역사적 의미를 지닌 인물이었던 것이다.

그의 영화 〈미안해요, 리키〉(2019)는 택배 노동자 이야기를 담았다. 택배의 대형화와 첨단화를 통해 현대인은 편리한 일상을 경험하고 있다. 하지만 그 편리함을 만들어내는 핵심 축인 택배 노동자는 잇달아 과로사하고 자살하며 괴로워하고 있다. 남이 강요한 일도 아니고 본인들이 선택한 직업이니 그 정도 고통은 감내해야 하는 것일까.

"내 사업 하고 싶어" 리키, 택배일을 시작하다

영화는 배수공사, 굴착, 배관 작업, 무덤 파기 등 안 해본 일이 없는 리키의 이야기다. 그는 어느 직장에나 존재하는 '짜증나게 하는 상사'를 만나고 싶지 않아 새 직업으로 택배 일을 선택했다. 택배 기사는 개인사업자로서 남의 지시를 받지 않고, 어느 정도 본인 뜻대로 일정을 조율할 수 있을 거란 기대감이 있었다.

면접 자리에서 택배 회사 지점장도 리키에게 그렇게 말한다.

"고용되는 게 아니라 합류하는 거예요. 우린 '승선'이라고 하죠. 당신은 우릴 위해서 일 하는 게 아니라 우리랑 함께 일하는 거예요. 고용 계약도 목표 실적 같은 것도 없죠. 배송 기준만 지키면 돼요. 서명하면 개인 사업자 가맹주가 됩니다. 자기 운명의 주인이죠."

돈을 빨리 모으고 싶었던 리키는 회사에서 차를 빌리는 대신 1만 4,000파운드(약 2,246만 원)란 거금을 들여 밴을 구입하게 된다. 초반엔 빽빽한 배송 일정에 지쳤지만 특유의 성실성과 작업 수완으로 지점에서 인정받는 기사가 된다. 어느 날 한 기사가 불성실하다는 이유로 자기 노선을 빼앗기자 리키는 그 기사의 노선까지 담당하게 된다. 성실하게 하루 14시간씩 주 6일 일하면 자기 집을 구입할 수 있게 될 것이란 꿈을 꾸게 된다.

"휴가 내고 싶어요" … "대체 기사 구하면 마음껏 쉴 수 있어"

그러나 사춘기 아들은 그가 하루 14시간 주 6일 근무하는 데 발목을 잡는다. 제도권에 강한 불만을 가진 아들은 학교에서 정학 처분을 받아 부모의 근심을 키운다. 급기야 물건을 훔쳐서 자칫하면 기소당할 상황이 돼 아버지가 근무 도중 경찰서로 달려가게 한다. 공부를 열심히 하지 않으면 어떤 삶을 살게 되는지 얘기하는 아버지의 말을 끊고 아들은 삐딱하게 묻는다.

"아빠처럼 돼? 내가 그걸 원할까? 주어진 게 아니라 아빠가 선택한 삶이잖아."

아들뿐 아니라 딸, 부인까지 점점 지쳐가는 것을 본 리키는 지금이 가족을 위해 시간을 내야 할 때라고 생각한다. 그래서 단 사흘만이라도 휴

"사는 게 이렇게 힘들 줄 몰랐어.
모든 게 엉망진창이야."(리키)

그는 가족이 식탁에 모여 도란도란 이야기 나누는 일상
을 꿈꿨다. 그러나 쉴 새 없이 쏟아지는 택배 업무에 자
녀들의 고민을 들어줄 시간조차 없다. 〈출처=IMDb〉

가를 달라고 택배사 지점장에게 요청한다.

"왜 나한테 물어봐? 대체 기사 구하면 아무 문제없잖아. 자네 사업이잖아, 안 그래? 지난주에 드라이버 넷이 찾아왔어. 그중 하나는 딸이 자살을 시도했지. 가정이란 언젠가는 문제가 생기게 돼 있어. 하루에 100파운드 낼 거면 쉬어."

가족을 위한 시간을 잠시도 낼 수 없게 된 아버지

영화는 택배 기사를 자영업자로 분류하는 건 일종의 기만이라고 지적하는 듯하다. 실제로 지점장은 택배 기사들에게 빨리 움직이라고 채근하고, 근무 시간 중엔 옆자리에 가족을 태우지 말 것을 지시한다.

'정확 배송' 시간을 못 지킨 기사에겐 불이익을 주고, 수익성이 높은 노선을 두고 기사들끼리 경쟁하게 만들어 업무 성과를 높인다. 자신은 기사의 파트너라고 주장하지만 엄연히 택배 기사의 상사 역할을 하는 것이다.

하지만 애초에 사업자로 등록됐기 때문에 고용 계약 안에서 온전히 보호받지 못한다. 부당한 처우에 반발해 관두는 것도 쉽지 않다. 리키의 경우 애초 밴을 사기 위해 큰돈을 지출한 데다가 가정 문제로 중간에 몇 차례 배송 지연을 일으키며 벌금이 쌓였다. 일을 그만두는 순간 빚더미에 시달리게 되는 것이다. 지점장이 '승선'하라고 했던 이 배는 잠시도 멈추지 않는다. 내리려면 거대한 부상을 입을 것을 감수하고 바다로 뛰어내리는 수밖에 없다.

택배노동자가 감내하는 불합리한 근로조건, 외면해도 괜찮은 걸까

영화는 리키를 마냥 선한 사람으로 그리지 않는다. 사춘기 아들이 일탈하고 있다는 점을 감안하더라도 그가 아들을 대하는 태도는 훈육과 폭력의 경계를 자주 넘나든다. 그는 종종 지나칠 정도로 흥분하며, 신속한 배송을 위해 때때로 도로규칙도 위반한다.

대부분의 관객과 마찬가지로 그는 어느 순간엔 선하고, 어느 순간엔 악하기도 한 평범한 인간인 것이다. 그를 마냥 착한 사람으로 그리지 않은 건 연출자의 의도일 수 있다. 합리적인 근로조건의 필요성을 말하는 영화의 메시지가 캐릭터의 선악에 가리지 않게 하려는 것이다.

즉, 리키에게 합리적인 근로조건이 필요한 이유는 그가 특별히 선한 인간이어서가 아닌 것이다. 감독은 우리와 똑같이 때때로 선하고, 때때로 악한 입체적인 인간인 리키의 일상을 따라가며 묻는다. '그저 평범하게 살고 싶단 욕망을 지닌 평범한 인간인 리키가 이 같은 대우를 받아도 괜찮은가. 단지 그가 이 직업을 선택했다는 이유만으로 출구가 없이 점점 가혹해지는 근로조건을 견뎌내야 하는가. 장시간 일하면 높은 연봉을 받을 수 있다는 건 그가 어떤 혹사를 당해도 불평해선 안 되는 이유가 되는가.'

영화엔 이런 부조리를 어떻게 극복해야 할지에 대한 답이 들어 있지 않다. 차츰 고조되던 감정이 일시에 해소되는 카타르시스가 없기에 일부 관객은 '그래서 어쩌란 말인가?'란 질문을 던질 수도 있을 것 같다. 감독은 정답을 제시하는 대신, 그저 이 시대에 우리가 가장 자주 마주칠 타 업종의 근로자가 어떤 인생을 살고 있는지 보여준다. 우리가 더 편리한 삶을 누리기 위해 그들이 감당해야 하는 불합리는 어디까지인지 생각해 보게 한다.

※ 고민 있는 날, 씨네프레소 한 잔

이 영화에서 택배 회사 지점장은 부도덕한 인물로 그려지지만, 감독이 그에게 책임을 전가하는 인상은 없습니다. 지점장이 더 선한 사람이었더라도 큰 틀에서 기사들의 삶은 다르지 않았을 것입니다. 택배 회사 간 무한 경쟁에 제동을 걸어줄 제도가 부재하니 택배기사는 어디서든 갈려나갑니다. 택배기사가 겪는 부조리는 제도와 법률상 보호 장치가 없다면 개개인의 윤리로는 극복하기 힘든 종류의 것입니다.

---

3) 영화 〈자전거 탄 소년〉
- 선택지를 줄이면 더 행복해질 수 있다

장르: 드라마 | 감독: 장 피에르 다르덴, 뤽 다르덴 | 출연: 토마스 도레, 세실 드 프랑스 |
평점: 왓챠피디아(3.9/5.0) 로튼토마토 토마토지수(96%) 팝콘지수(76%)

어떤 사람들은 메뉴가 너무 많은 음식점에서 스트레스를 받기도 한다. 고객이 빵 종류와 소스, 굽기 여부까지 고르는 샌드위치 집이나, 얼음부터 토핑과 당도까지 취향에 따라 선택 가능한 밀크티 가게에서 일종의 결정 장애를 경험하는 것이다. '취향 존중'에 높은 점수를 주는 여러 고객이 이러한 음식점 방문을 늘리는 동안, 일부는 자신이 만들 수 있는 수많은 가능성

앞에 피로함을 느낀다. 스스로 고른 조합이 어쩌면 최선의 선택지가 아닐지도 모른다는 두려움이 이러한 결정 장애를 유발하는 원인으로 보인다.

'써브웨이의 역설'이라고 부를 만한 이 현상에서 우리는 한 가지를 확인할 수 있다. 더 다양한 선택지를 제공한다고 해서 인간의 만족도가 꼭 높아지지는 않는다는 것이다. 메뉴를 결정하는 단계에 지나치게 많은 시간을 투입하거나 고르고 난 후에도 자신의 선택지가 최선의 것이 아니었을 수 있음을 상상하며 괴로워한다. 벨기에 감독 다르덴 형제의 〈자전거 탄 소년〉(2011)은 좁은 선택지가 반드시 불행으로 연결되진 않는다는 점을 사유하는 작품이다. 오히려 인간은 가능성의 차단을 통해 더 행복해질 수도 있음을 보여준다.

"아빠는 날 버린 게 아닐 거야" 미련을 버리지 못하는 소년

이야기는 보육원에서 생활하는 시릴 카툴(토마스 도레)을 중심으로 전개된다. 보육원에서 한 달만 지내면 다시 찾으러 오겠다고 약속했던 아빠는 연락이 닿지 않는다. 자신이 아끼던 자전거까지 사라지면서 소년은 아빠를 만나고 자전거도 찾아야겠다는 마음에 사로잡힌다. 주변 사람들이 봤을 땐 아빠가 아들을 버린 뒤 자전거까지 팔아버린 상황임이 명백하지만 소년은 도무지 받아들이지 못한다. 보육원을 탈출해 부친을 찾아 나서게 되는 이유다.

소년은 아빠와 함께 살던 집 문을 두드리지만 이미 그는 거처를 옮긴 지 오래다. 소년은 자신을 잡으러 온 보육원 교사를 피해 병원에 들어가

소년은 자신을 버린 아버지에게 자꾸 찾아간다. 아버지에게 피치 못할 사정이 있었으리라 믿어주며 말이다. 〈출처=KMDb〉

고, 그곳에서 대기 중이던 한 여인(세실 드 프랑스)을 붙잡아 매달린다. 보육원 교사에게서 어떻게든 피하기 위해 일단 눈앞에 보이는 사람에게 안긴 것이었으나, 그것은 여인의 마음에 깊은 인상을 남긴다. 사만다라는 이름의 이 여자는 아버지가 팔아버린 자전거를 되사서 소년에게 돌려줄 뿐만 아니라, 소년의 주말 위탁모 역할을 맡아 준다.

"소년이야 나야?" 묻는 남자친구에게 그녀는 "소년"이라고 대답했다

사만다는 소년의 의사를 존중하며 함께 시간을 보낸다. 아버지를 보고 싶어 하는 소년을 위해서 만남을 주선하고, 약속 장소에 같이 나가준다.

그러나 사만다는 소년의 부친이 그를 버리려고 이미 마음을 굳혔음을 확인한 뒤 아빠더러 그 뜻을 아들에게 정확히 전달하라고 요구한다. 아빠가 자신을 버리지 않았을지도 모른다는 희망 고문이 소년에게 더 큰 상처를 줄 수 있다고 판단한 것이다.

아버지의 마음을 확인한 소년은 자해하고, 사만다는 소년의 그런 울분조차 품는다. 이렇게 사만다의 삶에서 소년이 차지하는 영역이 점점 넓어지며 사만다의 남자친구는 불만이 커진다. 남자친구의 입장은 충분히 이해할 만하게 그려진다. 사랑받지 못한 소년이 자신의 상처를 있는 그대로 드러내며 두 사람만의 공간과 시간이 위축되기 때문이다. 그녀의 남자친구가 묻는다. "쟤야 나야?" 사만다는 큰 고민도 없이 "시릴(소년의 이름)"이라고 대답하고, 그로써 연인 관계는 끝난다.

"아빠와 관계를 회복할 수 있어" 소년은 사만다의 사랑에 만족하지 못했다

주인공이 행복해지길 바라는 관객은 소년이 사만다와의 관계에서 안정감을 얻길 기대하게 된다. 남편도 아이도 없는 사만다가 소년을 왜 그토록 챙기는지 영화에선 뚜렷한 설명이 나오지 않는다. 심지어 사만다조차 이유를 알지 못하는 것처럼 보인다. 소년이 사만다에게 왜 자신을 받아들였냐고 물어볼 때 그녀 역시 "글쎄."라고 대답할 뿐이다.

이 영화에선 사만다가 어떤 여성인지에 대한 설명도 별로 없다. 미용사에 한때 남자친구가 있었던 여성이라는 것 외엔 별다른 정보가 없다. 그저 그녀는 어떤 이유로 어느 날 병원에 있었고, 때마침 아빠를 찾아 방황하던 소년이 자신의 품에 뛰어들었을 때 일종의 이끌림을 느꼈다. 아마도 그날 느낀 소년의 부피감이 그녀 내면에 있는 빈자리를 채웠는지 모른다. 소년으로서는 친부에게서 버림받는 불운을 겪었지만 자신을 별다른 조건 없이 사랑해주는 위탁모를 만나는 행운을 갖게 된 셈이다.

하지만 소년은 부자 관계의 회복에 대한 희망을 놓지 않으며 관객의 기대를 깬다. 비행을 일삼는 동네 청소년 집단의 우두머리가 소년에게 관심을 가지며, 소년은 그의 마음에 들고 싶다는 열망에 휩싸인다. 남자 연장자로부터 남성성을 인정받고 싶어 하는 소년은 결국 아버지를 대신해줄 남자를 찾고 있는 셈이다. 그 역시 보육원 출신이라는 우두머리 남성은 소년의 욕망을 너무나도 잘 알고 있다.

그는 소년의 인정욕구를 채워주며 강도 계획에 소년을 끌어들인다. 소년은 사만다의 만류를 뿌리치고 남자에게 달려가는 과정에서 그녀의 팔에 칼을 휘두르고, 사만다는 마음을 깊이 찔린다.

모든 가능성이 차단된 뒤 … 소년은 비로소 여자에게 달려갔다

인생은 소년에게 두 번의 거절을 더 경험케 한다. 소년은 강도에 성공하지만 자신의 얼굴을 노출시키는 사소한 실수를 저지른다. 처벌받을 것이 두려워진 우두머리 남성은 소년에게 자신을 아는 척도 하지 말라며 길가에 매정하게 버리고 떠난다. 소년은 곧 이어 훔친 돈을 아버지에게 가져가지만, 부친은 그를 담 너머로 던진다. 아버지는 강도를 저지른 아들의 장래보다는 공범으로 몰려 위험에 빠질 자신의 미래가 걱정됐던 것이다.

모든 가능성이 차단된 뒤, 소년은 비로소 사만다를 찾는다. 그리고 처음으로 '소년 같은' 미소를 보여준다. 〈출처=KMDb〉

"아줌마랑 계속 살고 싶어요." 자신이 원하던 모든 사람에게서 버림받은 소년이 사만다에게 달려가 고백한다. 사만다는 강도죄를 범한 소년이 겪어야 할 복잡한 법적 문제를 참을성 있게 해결해준다. 이후 자전거를 같이 타는 두 사람의 얼굴엔 기쁨이 가득하다. 사만다와 피크닉을 가서 샌드위치를 나눠먹는 소년은 이 영화에서 처음으로 '소년 같은' 웃음을 보인다. 누구 하나 다가오면 물어버릴 듯 잔뜩 긴장한 채로 지냈던 소년은 사만다와의 관계에서 비로소 안정감을 느끼게 된 것이다.

무한한 가능성으로 확장하는 대신, 하나의 가능성을 풍성하게 하는 삶

이 서사는 관객에게 인간관계의 중요한 진실을 하나 얘기해준다. 여러 방향으로 인간관계를 확장할 가능성을 갖고 있는 사람이 가장 행복한 사람은 아닐 수도 있단 것이다. 영화에서 소년은 아버지와 비행 청소년에게 버려질 때 비참함을 느끼지만, 버려지기 전에도 불행하긴 마찬가지였다. 혹시 아버지가 자신에게 돌아올지 모른다는 희망을 갖고 달리는 그는 늘 불안했다. 자신을 선택할 리 없는 사람을 향해 외치는 그의 목소리는 응답받지 못했다.

하지만 다른 모든 가능성이 차단된 뒤 소년은 사만다와의 관계에 집중한다. 따뜻한 사만다의 입김에서 사랑을 발견한다. 혹시 모를 가능성 때문에 방황하는 일은 이제 없다. 자신을 진심으로 사랑해주는 사만다에게 소년도 진심으로 사랑을 되돌려준다.

이 결말은 어찌 보면 조금은 씁쓸하다. 사만다의 관점에서 보자면 소년은 다른 모든 가능성이 차단된 뒤에야 자신에게 달려온 것이기 때문이다. 그러나 그녀는 초연히 소년을 받아들인다. 인생의 여러 굴곡을 통해 사만다는 배웠는지 모른다. 두 사람이 서로에게 집중하기 위해선 '이 사람이 아니었다면 어땠을까'란 호기심이 적을수록 좋다는 것을 말이다.

자신의 인생에 소년이 불쑥 들어왔을 때, 사만다는 소년이 어떤 사람인지 탐색하지 않았다. 그저 그 관계를 자신에게 지금 허락된 소중한 가능성으로 받아들였다. 백 명의 아이와 각기 다른 이야기를 만드는 대신,

소년과 셀 수 없이 많은 추억을 쌓는 데 힘을 쏟았다.

이건 인간관계를 넘어 인생 전반으로 확장할 수 있는 메시지인지도 모른다. 행복해지기 위해선 다양한 가능성으로 확장하는 데 힘쓰는 게 아닌 내 앞에 있는 가능성을 더욱 풍성한 이야기로 만드는 데 집중해야 한다는 이야기다.

※ 고민 있는 날, 씨네프레소 한 잔

인간관계를 이기는 쪽과 지는 쪽으로 나눈다면 사만다는 지는 쪽입니다. 손을 먼저 내밀고, 배신당하고, 손을 다시 잡아줬으니까요. 그러니 사만다가 돌아온 소년과 누리는 관계의 풍성함은 '져도 상관없다'고 진심으로 부딪친 사람에게만 주어지는 인생의 선물일지도 모르겠습니다.

---

4) 영화 〈너는 여기에 없었다〉
- 목격한 순간, 책임이 싹 튼다

장르: 드라마·미스터리·스릴러 | 감독: 린 램지 | 출연: 호아킨 피닉스, 에카테리나 삼소노브 |
평점: 왓챠피디아(3.6/5.0) 로튼토마토 토마토지수(89%) 팝콘지수(64%)

아동 학대를 방관하는 주요 이유로는 '남의 집안일'이라는 점이 꼽힌다. 그 가정만의 복잡한 사정도 모른 채 끼어들었다가 자신의 에너지와 시간만 낭비하게 될 상황이 두려운 것이다. 이것은 아동 학대 피해자에게 무력감을 안겨준다. 집안일이라는 점을 근거로 누구도 공감해주지 않을 것이라고 체념하게 되는 것이다.

린 램지 감독의 〈너는 여기에 없었다〉(2017)는 과거에 경험한 가정 폭력의 상처로 하루하루를 괴로워하며 사는 청부살인업자 이야기다. 어린 시절 그와 어머니는 같은 집에 살던 남성으로부터 육체적, 정서적 학대를 받았지만 외부의 도움을 받지 못했다.

성인이 된 그는 군인으로서 전장에 뛰어들었는데 너무 많은 참상을 목격하며 정신이 한층 황폐해진다. 아동 학대와 전쟁의 트라우마로 매일같이 난도질되는 그의 세상에 어느 날 학대받는 소녀가 나타난다. 사회의 보살핌을 받지 못한 채 끔찍한 어린 시절을 보낸 그는 세상으로부터 외면당하는 소녀를 구해줄 수 있을까.

가정 폭력 피해 아동, 청부살인업자가 되다

영화는 자살 충동으로 괴로워하는 남자 조(호아킨 피닉스)의 침대를 비추며 시작된다. 비닐봉지로 머리를 싸맨 그는 어린 시절 같은 집에 살던 성인 남자에게서 받았던 학대를 떠올리며 고통스러워한다. 그 남성은 조에게 늘 '너는 너무 나약하다'는 메시지를 전달했다. 그는 조의 어머니를 때리기 위해 집안을 샅샅이 뒤지고 다녔으며, 그때부터 조는 옷장에 숨어 자살을 꿈꿨다.

참전 후에 그의 트라우마는 한층 심해졌다. 눈앞에서 죽어나가던 약자들의 이미지는 그의 머릿속에서 여전히 현재 진행형이다. 전쟁터에서 목도했던 것과 조금만 비슷한 모습을 봐도 그는 죽음의 상이 떠올라 괴로워한다. 그는 자살 시도를 하지만 아직은 살아 있다. 자신과 함께 학대당했던 어머니에 대한 의리가 겨우 버텨내는 삶의 원동력일 것이다. 연약한 그녀 또한 아들을 생각하며 삶을 포기하지 않았기에 조 역시 스스로 숨통을 끊기 직전에 늘 현실로 복귀한다.

죽지 않고 살기도 버거운데, 내 도움 필요한 아이를 만났다

호구지책으로 선택한 청부살인업으로 그는 의뢰인들의 신뢰를 받으며 어머니와 둘이 살아가기에 무리 없는 수입을 유지한다. 어느 날 그의 소문을 들은 상원의원이 자신의 딸을 찾아오라는 임무를 주며 현찰 5만 달러를 제시한다.

의뢰인의 미성년자 딸인 니나는 성매매에 이용당하고 있었고, 조는 범죄 현장에서 니나를 탈출시키는 데 성공한다. 이 구출 장면은 인상적으로 연출됐는데 긴박함이 생략됐다는 점에서다. 린 램지 감독은 조가 경비와 소아성애자를 죽이는 장면을 CCTV 화면을 통해 건조하게 처리한다.

미성년자 성매매범 같은 인간 이하 범죄자의 표정을 클로즈업하느라 시간을 쓸 필요가 없다는 판단이 반영됐을지 모른다. 그는 시종일관 경제적인 연출법을 택하면서 이 영화를 1시간 29분이라는 짧은 러닝타임으로 완성했다.

"29, 28, 27…" 니나는 숫자를 역순으로 센다. 성매수범의 그 행위가 끝나기만을 기다리는 것처럼 보인다. 목숨을 건진 니나는 조에게 감사를 표시하며 볼에 입을 맞추려 한다. 성인 남성에게 도움을 받았을 때 어떻

가정 폭력 피해자였던 주인공은 어릴 때부
터 자살 충동에 시달렸다. 〈출처=KMDb〉

"나는 나약해. 나는 나약해. 나는 나약해."(조)

게 해야 하는지 배운 적이 없었던 것이다.

그는 "안 그래도 된다."라는 말로 니나를 밀쳐낸다. 자신을 성적으로 착취하려는 남성만이 득시글댔던 니나의 인생에서 조는 다른 반응을 보여줬다. 세상엔 그녀를 도와주고서도 보상을 기대하지 않는 어른이 엄연히 존재함을 알려준 것이다.

그러나 미성년자 성매매를 주도하던 세력은 사실 정관계 주요 인사가 엮인 거대 조직이었고, 니나를 다시 납치한다. 그리고 조에게서 가장 소중한 것을 앗아간다. 조를 죽이러 집에 침입한 그들은 침대에 누워 있던 어머니를 살해했다. 조는 어머니의 시신을 수습해 그녀를 안고 물에 빠진다. 어머니와 함께 수장되는 것을 선택한 것이다. 어차피 그에게 삶이란 모친을 위해 견뎌내는 것이었을 뿐이다.

'40, 39, 38…' 숫자를 거꾸로 세며 물 아래로 가라앉던 그에게 니나의 이미지가 불현듯 떠오른다. 자신과 마찬가지로 숫자를 역으로 헤아리며 밑으로 밑으로 향하는 니나의 모습을 상상하며 그는 의지를 내 물 밖으로 나온다. 그녀를 다시 한번 구출해야겠다고 마음먹은 것이다.

'여기에 없었던' 두 사람이 '여기에 있게 되는' 서사

끔찍한 아동 학대와 전쟁 참상을 경험한 조는 현재에 집중하지 못했다. 늘 과거의 고통에서 헤매던 그는 죽음으로써 삶에서 해방되길 원했다. 조는 '여기에 없었던' 것이다. 엄마와의 의리를 지키기 위해 꾸역꾸역 살았던 그에게 어머니의 죽음으로 인해 삶을 버티지 않아도 될 조건이 완성됐다.

조는 스스로도 고통받고 있음에도 니나를 외면하지 않았다. 〈출처=KMDb〉

그렇지만 어머니와 어떻게든 연명한다는 과제가 사라졌음에도 그는 움직인다. 니나를 구출하는 목적은 다른 보상이 아닌 오로지 한 생명을 구하는 데만 있다. 그의 생각이 가는 방향으로 몸도 같이 향한다. 반면, 명분은 전혀 중요하지 않고 단지 돈벌이었을 뿐인 전쟁이나 청부살인을 수행할 때 그의 몸과 마음은 따로 움직였다. 이 영화는 줄곧 '여기에 없었던' 남자가 처음으로 '여기에 있게 되는' 서사인 것이다.

니나가 납치된 장소에 당도한 조는 그곳에서 성매매 조직의 최종 결재 권자인 주지사의 시체를 발견한다. 조가 도착하기 전 니나가 먼저 그를 살해한 것이다. 조를 만나기 전 니나 역시 '여기에 없는' 사람이었다. 숫자를 거꾸로 세며 성매수남의 행위가 끝나기만을 기다리던 그녀는 어서 삶에서 해방되길 고대하던 조와 닮아 있었다. 그런 그녀가 조를 만난 이후엔 주지사를 처단해 스스로를 구하는 적극성을 발휘한다.

그녀는 주지사를 죽인 손으로 식사를 하며 삶에 대한 의지를 드러낸다. 자신에게서 그 어떤 보상도 원치 않으면서 도움을 준 어른을 통해 그녀는 세상에서 희망을 보게 됐다. 니나를 구해낸 조는 어디로 가야 할지 모른다. 자신의 나약함을 탓하며 강한 자살 충동을 느끼는 조를 니나가 깨우며 얘기한다. "조, 나가요. 아름다운 날이에요."

방관은 또 다른 형태의 아동 학대다

상처를 안고 살던 조는 스스로를 챙기기에도 버거운 인생을 살고 있었다. 그러나 그는 니나가 당하는 학대를 '남의 일'로 치부하지 않았다. 학대 속에서 오랜 기간 고통 받았던 자신의 삶을 니나가 반복하지 않았으면 하는 바람이 있었을지 모른다. 누구의 도움도 받지 못하는 고통 속에 침잠하던 니나에게 조가 손을 건넸다. 그녀가 수면 위로 떠오르는 데는 그 손길 한번이면 충분했다. 어린 시절 조에게도 그런 손길이 닿았다면 인생이 그토록 외롭진 않았을 것이다.

"아름다운 날이에요" 니나는 절망감에 침잠하는 조를 깨운다

많은 아동 학대 사건에서 주변 어른의 역할 부재가 지적되곤 한다. '옆집 일' '타인의 사정'이라고 외면해선 안 되는 이유는 아이가 학대에 노출

되는 시간이 그만큼 길어져서만은 아니다. 아이의 입장에선 세상에서 외면받았다는 사실 자체가 또 다른 폭력이 될 수 있는 것이다.

우리가 아동 학대를 알고도 방관하면 그 아이는 직접적 폭력에 더 오래 노출될 뿐만 아니라, 온 세상으로부터 버림받았다는 상처를 안게 된다. 조에게 니나는 어떤 인연도 없는 아이였지만 그녀가 학대당한다는 사실을 안 순간 그는 책임감을 느꼈다. 그 책임을 다함으로 인해 조는 니나뿐만 아니라 자신까지 수렁에서 건져낸다.

조는 '아름다운 날'이라는 니나의 말에 "아름다운 날이구나."라고 화답한다. 매일이 죽고 싶은 날이었던 두 사람에게 '아름다운 날'로 기억할 수 있는 하루가 생긴 것이다. 아름다운 날의 추억이 이틀이 되고 사흘이 된다면 불현듯 떠오르는 기억에 아파하는 대신 미소 지을 수 있는 순간도 더 늘어날 것이다.

※ 고민 있는 날, 씨네프레소 한 잔

가라앉는 인생을 구하기 위해선 자신도 함께 물 밖으로 나가야 합니다. 조는 니나를 구함으로써 자기 삶에도 한번 더 기회를 준 것입니다.

5) 드라마 〈파친코〉

- 시대를 관통하는 삶의 법칙 '견뎌내는 것'

장르: 시대극·드라마·가족 | 감독: 코고나다, 저스틴 전 | 출연: 윤여정, 김민하, 이민호, 진하, 정은채 |
평점: 왓챠피디아(4.1/5.0) 로튼토마토 토마토지수(97%) 팝콘지수(87%)

한국은 세대론이 인기를 끄는 나라다. 산업화 세대, 민주화 세대, 586
세대, X세대, Y세대 최근의 MZ세대, 이대남, 이대녀까지 특정 세대에
이름을 붙여 분류하고 분석하려는 시도가 이어져왔다. 연령대별 특징을
지나치게 단순화할 수 있다는 위험성이 끊임없이 지적됨에도 세대론이
지속적으로 소비되는 데는 한국적 특성이 있을 것이다. 국권피탈, 동족

상잔, 산업화, 민주화 운동까지 강렬한 역사적 체험을 한 세기 동안 응축해서 지나는 동안, 각 세대는 부모 세대, 혹은 자식 세대가 자신을 이해할 수 없는 특수한 지점이 있다고 받아들이게 됐는지도 모른다.

애플TV+ 오리지널 시리즈 〈파친코〉(2022)는 세대 갈등의 본질과 극복 가능성을 삼대의 각기 다른 한일 관계 경험을 통해 사유하는 드라마다. 일제 강점기를 통으로 살아내며 일제의 압박을 뼈저리게 느낀 '조부모 세대'(1세대), 이에 준하는 강도로 일제의 만행을 겪었지만 일본인과의 긍정적 협업 기억도 갖고 있는 '부모 세대'(2세대), 그리고 국제화 시대에 일본과 자기 실력을 가지고 경쟁하기 시작한 '자녀 세대'(3세대)의 경험을 비교한다. 서로의 사이를 가로막는 높은 벽에 여러 번 부딪힌 '1세대'와 '3세대'는 장벽을 넘어 소통할 수 있는 일말의 가능성을 확인한다. 다소 역설적이게도 그것은 상대를 온전히 이해할 수 없다는 것을 인정하는 데서 생긴 결과다.

아들을 셋이나 잃은 엄마, '대를 이을' 딸을 낳다

〈파친코〉 시즌1은 일제 강점기에 태어난 선자부터 선자의 두 아들, 그리고 아들의 아들까지 삼대가 세상과 관계 맺는 방식을 살핀다. 스스로를 "지지리 복도 없는 년"이라고 표현하는 선자의 엄마는 선자를 낳기 전에 아들을 셋이나 잃었다. 무당을 찾아간 끝에 '대를 이을' 딸을 얻게 되는데, 그게 바로 선자다. 어릴 때부터 아버지를 따라 시장을 누비던 선자는 세상 물정에 밝고, 어디서나 당당하다. 일본인 순사가 동네에 출두하면 고개를

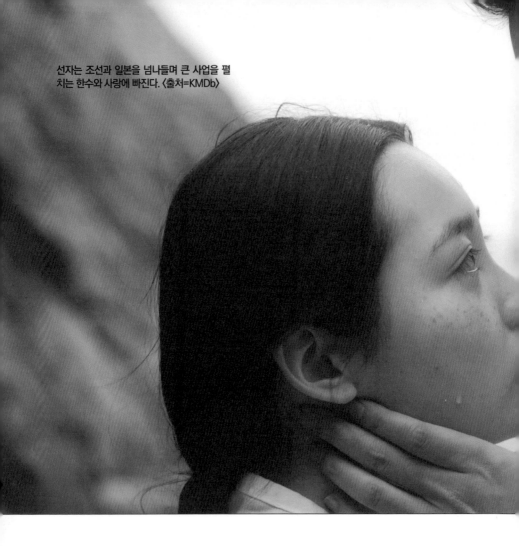

조아려야 하던 시대의 엄혹함도 선자의 해사한 미소를 가리진 못한다.

선자는 조선과 일본을 오가며 큰 사업을 펼치던 한수와 사랑에 빠진
다. 그의 아이를 갖게 돼 응당 결혼을 하리라 예상했던 선자는 한수의 고
백에 충격을 받는다.

"선자야. 결혼은 그냥 형식적인 거야.
너도 잘 생각해 보면 납득이 갈 거야.
우리 같은 사람들은 살아남으려면
달리 방법이 없어."(한수)

바로 그는 성공을 위해 일본에서 이미 가정을 꾸렸으며, 선자와는 결혼할 마음이 없다는 것이다. 금전적 지원을 통해 남부럽지 않은 삶을 살게 해주겠다는 한수의 제안을 뿌리친 선자는 자신의 아이와 과거까지 모두 사랑해주는 목회자 이삭과 부부의 연을 맺는다. 두 사람은 일본으로 넘어가 새로운 삶을 개척하게 된다.

4,000엔에 땅 산 노부인, 10억 엔에 사준다는 은행에 "안 판다"

두 가지 시간 축을 중심으로 진행되는 〈파친코〉 시즌1에서 일제 강점기가 주로 선자의 시선으로 묘사된다면, 현대는 그의 손자 솔로몬을 따라가며 그려진다. 미국에서 유학하고 글로벌 금융기관에 취직한 솔로몬은 1989년 일본으로 돌아온다. 그의 은행이 개발 사업을 위해 꼭 수용해야 하는 땅이 있는데, 그 땅의 주인이 한국인이기 때문이다. 승진을 위해서 자기 능력을 입증해야 할 필요가 생긴 솔로몬은 자신의 출신을 바탕으로 원주민 마음을 돌리겠다고 약속하고 지난한 설득의 과정에 발을 들인다.

1950년대에 4,000엔을 지불하고 땅을 산 노부인은 은행에서 토지를 10억 엔에 사준다는 데도 팔 의지가 없다. 땅을 사겠다는 일본인들이 뭔가 꿍꿍이를 갖고 있을 것이라고 의심하는 게 그 이유 중 하나로 보인다. 일본인과도 능력으로 충분히 겨룰 수 있다고 생각하는 솔로몬 입장에선 이해가 되지 않는 태도다. 자신이 서명만 하면 후세가 더 이상 고생을 하지 않을 수 있는 거래인데 일본에 대한 막연한 불신 때문에 일을 그르치는 노부인이 비합리적이라고 솔로몬은 생각한다. 이에 솔로몬은 노부인과 일제 강점기 경험이 비슷한 자신의 할머니 선자를 대동해 그를 설득한다. 선자와 과거 이야기를 나누던 노부인은 마음을 열어 은행과 계약을 하는 자리에 앉게 된다.

"조선인을 바퀴벌레 취급했던 일본인인데, 네 할머니였어도 땅 팔라고 했을 거니?"

이처럼 세대에 따라 일본을 향한 감정이 달라진다는 점이 이 드라마의 핵심 갈등을 이룬다. 일제 강점기를 직접 경험한 선자와 윗세대에게서 당시 시대상을 전해들은 솔로몬 사이엔 뚜렷한 간극이 존재한다. 물론 솔로몬 역시 일본 땅에서 한국인에 대한 차별을 경험하지 않았던 것은 아니지만, 자기 능력으로 이들의 인정을 받는 데도 성공해봤다. 그렇기에 일본인의 행위라면 일단 의심부터 하고 보는 노부인의 태도는 이성적이지 않다고 여긴다. 반면, 일제 강점기를 경험한 조부모 세대는 자신도 역경을 헤쳐 왔다고 생각하는 손자손녀 세대를 공감하지 못한다. 선자가 솔로몬에게 "참말로 니는 니가 고생하모 살았다고 생각하는 기가?"라고 물어보는 장면에서 이를 짐작할 수 있다.

다시 노부인과 솔로몬의 이야기로 돌아가 보자면, 솔로몬에게 출셋길을 열어줄 계약일에 은행을 찾은 노부인은 서류를 앞에 두고 한참을 고민한다. 일본인들이 조선인에게 방 한 칸 빌려주지 않던 과거 이야기를 털어놓던 노부인이 솔로몬에게 묻는다. "일본 사람들은 우릴 바퀴벌레라고 불렀지. 땅속에 다시 처박아야 한다면서. 어디 들어보자. 네 할머니가 저 히죽대는 면상들을 쳐다보며 여기 앉아 계시는데, 그 몸속에 한 맺힌 피가, 그 핏방울 하나하나가 이걸 못하게 막는다 하면, 뭐라 말씀드릴 거야? 그래도 사인하라고 하겠니?" 솔로몬은 답한다. "하지 마세요. 그렇게 말씀드렸을 거예요."

솔로몬은 이 결정으로 회사 내 승진 경쟁에서 완전히 밀려버린다. 노부인의 표현을 빌리자면 그들은 솔로몬을 땅속으로 처박으려 한다. 이 결정이 솔로몬에게 미칠 영향을 은유하듯, 카메라는 고층 빌딩에서 뛰쳐

나와 아래로, 아래로 달려가는 솔로몬을 따라간다. 지하철에서 버스킹을 하는 밴드의 노래에 맞춰 그는 춤을 춘다. 몸에 딱 맞는 정장을 입고 누구보다도 격식을 차리던 그는 잠시나마 풀어진다. 자유를 느낀다.

그는 자신이 온전히 이해할 수 없을 조부모 세대의 삶이 존재함을 인정했다. 자신이 직접 보지 못했을지라도 윗세대의 고통이 실재함을 인정함으로써 그는 분절돼 있던 위아래 세대가 하나로 연결되는 경험을 한다. 당장 목숨을 부지하기 위해 고군분투했던 이민 1세대의 경험이나, 사회에서 자기 존재를 인정받기 위해 투쟁한 이민 3세대의 경험이나 양태만 달랐지 결국 한 맥락으로 이어짐을 확인한 것이다.

어느 시대나 삶의 법칙은 한 가지 "견뎌내는 것"

〈파친코〉는 일제 강점기와 현대를 엇갈려 편집하며 재일동포 삼대의 이야기를 유려하게 엮는다. 조부모가 겪은 고생이 어떻게 손자의 인생에 영향을 미치는지, 손자가 현재 느끼는 소외감은 조부모가 일본 땅을 처음 밟을 때 체험한 막막함과 어디가 비슷하고 어디가 다른지 보여준다. 노부인의 집에 함께 찾아간 선자와 솔로몬이 그녀가 내준 쌀밥을 먹는 장면이 그렇다. 선자는 그 쌀이 한국산이라는 걸 대번에 알아차리고, 과거 어머니가 일본으로 자신을 떠나보내기 전에 지어준 쌀밥의 온기를 떠올린다. 반면, 그 쌀이 한국산임을 설명해줘도 모르는 솔로몬은 할머니의 눈물에 당혹감을 느낀다.

시즌1의 도입부와 말미에 반복되는 자막이 있다. 바로 '그들은 견뎌냈다'는 것이다. 인생의 본질은 역사적으로 한 번도 변한 적이 없다. 그저 '견뎌내는 것'이다. 삶의 경험이 달라서 서로에게 가닿지 못하던 삼대가 상대방과 공감할 지점을 발견하는 것도 바로 이것을 이해하면서 가능해졌다. 내가 인생을 견뎌내고 있는 것만큼, 나의 조부모와 부모, 그리고 내 자녀도 견뎌내고 있을 것임을 인정한 것이다. 각자의 경험엔 차이가 있지만, 인생을 '견뎌낸다'는 점에서 모두가 공통점을 가진다. 그것은 여전히 한국에서 진행 중인 세대 갈등에 접근하는 첫 단추가 될 수도 있지 않을까. 내 반대편에서 첨예하게 논쟁 중인 상대방도 그 자신의 인생을 견뎌내고 있다는 점에선 나와 다르지 않음을 인정하는 것이다.

※ 고민 있는 날, 씨네프레소 한 잔

솔로몬은 자기 것을 포기함으로써 조부모 세대에게 손을 내밉니다. 두 손으로 자기 것을 꽉 쥐고 있으면 타인에게 내밀 손이 없습니다.

6) 영화 〈밀크〉
– 희망만으론 살 수 없다지만

장르: 드라마 | 감독: 구스 반 산트 | 출연: 숀 펜, 에밀 허쉬, 죠슈 브롤린, 제임스 프랭코 |
평점: 왓챠피디아(3.5/5.0) 로튼토마토 토마토지수(93%) 팝콘지수(89%)

1978년 미국 캘리포니아에선 논쟁적인 법안이 발의됐다. 동성애자는 공립학교 교사를 할 수 없게 해야 한다는 내용이다. 법안을 낸 상원의원 존 브릭스는 "지저분한 행위를 한 사람이 아이들을 가르치는 걸 용납할 수 없다."라고 했다. 미국의 질서를 지키기 위해서 동성애자가 아이를 가르치는 건 막아야 한다는 주장이었다. 해당 법안은 게이를 해고할 수 있게 하는 내용에 그치지 않았다. 이성애자 교사라도 동성애자를 지지한다면 파면할 수 있게 한 것이다.

기독교인을 비롯한 보수적 미국인에게 열화와 같은 지지를 받았다. 당장 수많은 사람이 자기 성 정체성 때문에 캘리포니아 교단에서 쫓겨날 위기에 처했다. 〈밀크〉(2008)는 이 법안의 통과를 막기 위해 목숨을 걸고 싸운 남자 하비 밀크(숀 펜)의 실화다. 그 역시 게이였던 밀크는 동성애자들에게 자기 정체성을 당당히 드러낼 것을 역설하며 성원을 얻었으나 마흔여덟의 젊은 나이로 살해당한다. 이 영화는 그가 죽기 전 8년의 세월을 담았다.

남부럽지 않게 살던 금융맨, 성소수자 커뮤니티로 스며들다

이야기는 하비가 불혹의 나이로 접어드는 날을 비추며 시작된다. 뉴욕에 사는 금융인인 그의 삶은 크게 부족함이 없어 보인다. 지하철 역사에서 스쳐 지나가는 사람에게 데이트하자며 말을 걸 정도로 본인 매력에 대한 자신감도 충만하다. 마흔 살 넘은 사람과는 만나지 않는다며 발을 빼는 남자 스콧(제임스 프랭코)에게 밀크는 얘기한다. "아직 서른아홉 살이야."

당당해 보이던 이 남자, 사실 중년의 위기를 겪고 있었다. 그날 침대에 나란히 누운 스콧에게 속내를 털어놓는다. 마흔이 되도록 아무것도 이루지 못했다는 데 허무감을 느낀단 것이다. 변화가 필요하다고 생각한 그는 스콧과 함께 샌프란시스코 카스트로 지역으로 이주해 카메라 가게를

커밍아웃한 게이였던 하비 밀크는 소수자 인권 보장을 위해 목숨을 걸고 싸웠다. 〈출처=IMDb〉

"희망이 없으면 우리를 포기해야 합니다.
나도 희망만으로 살 수 없다는 것을 잘 압니다.
하지만 희망이 없다면 인생은
살 가치가 없습니다."(하비 밀크)

연다. 그는 당시 카스트로 지역으로 몰려들던 성소수자의 필요가 무엇인지 경청하고 그들을 대표해 목소리를 낸다.

차별받기 일쑤였던 게이들이 편하게 시간을 보낼 수 있는 공간을 만든 덕에 그는 지역 동성애자 사이에서 유명 인사로 떠오른다. 게이들이 원하는 것을 바탕으로 불매운동 등 일상 속의 정치활동을 전개해 나간다. 트럭 노동조합에서 사상 처음으로 게이 운전사를 공식 채용하게 만들면서 그는 '카스트로 거리의 시장'이라는 별명까지 얻는다.

영화의 초반부 구성은 '메시아 서사'와 닮았다. 구세주 서사의 기본 골격은 능력이나 신분상으로 모든 것을 다 갖춘 사람이 더 낮은 곳으로 임해 세상을 구원한다는 내용이다. 이를 〈밀크〉에 적용해보면 미국 금융인으로서 주류 사회에서 부족한 것 없이 살던 하비는 일상적으로 폭력을 경험하는 당시의 게이들을 안타깝게 여겨 인생 방향을 전환한다. 기존의 삶보다 더 고난스러울 것이 뻔히 보이는데도 말이다.

"동성애는 불어가 아니에요. 가르칠 수 없습니다."

이후의 스토리는 하비의 제도권 정치 입성 과정을 다룬다. 샌프란시스코 시의원에 세 번이나 낙마하고, 이에 지친 애인까지 떠나보내며 그는 역경을 겪었다. 하지만 1978년 네 번째 도전 끝에 당선되면서 그는 캘리포니아주 최초 동성애자 선출직 공직자로 이름을 올린다. 당선 후 얼마 안 돼 시 전체에 적용되는 '동성애자 권리 조례안'을 통과시키는 걸 주도했다. 누구든 이미 고용된 사람은 성 정체성을 이유로 해고할 수 없다는 내용이다.

그의 정치 인생에서 가장 큰 도전이 바로 서두에 언급한 법안이다. 게이와 레즈비언을 교단에서 모두 쫓아내려 했던 존 브릭스의 '제안 6호'는 당대 보수적인 미국인들이 동성애에 갖고 있던 선입견을 반영하고 있었다.

브릭스는 하비와의 토론에서 "게이들은 자식이 없기 때문에 우리 아이들을 부추겨서 자기들에게 합류시키려고 한다"며 "그것 때문에 교사직에 관심이 많은 것"이라고 얘기한다.

하비는 재치 있게 받아친다. "동성애를 어떻게 가르치죠? 프랑스어처럼 가르치나? 이성애자 부모님께 태어나고 이성애자 교사에게서 배웠으며 지독한 이성애자 사회에서 자란 나는 왜 동성애자가 됐을까?"

그가 이처럼 여유 있는 태도를 우직하게 유지할 수 있었던 건 투쟁이 쉬웠기 때문은 아니다. 하비는 숱한 살해 위협을 견뎌내야 했다. 동료가 연설 전 도착한 협박 메시지를 전해주며 몸을 사리라고 조언하자 그는 "온 국민이 보고 있다."라는 대답만 남기고 연단에 오른다. 지금 피하면 계속해서 숨어야 한다는 것이다. 하비와 활동가들의 호소는 동성애자를 넘어 다수 유권자의 지지를 얻으며 '제안 6호'를 부결시키는 데 성공한다.

암살 ⋯ 11개월 만에 막 내린 시의원 활동

시의원 하비의 활동은 11개월 만에 끝난다. 시의원 사임 후 복귀를 꿈꿨던 댄 화이트(조슈 브롤린)가 그와 샌프란시스코 시장을 총으로 살해

하면서다. 40세 이후 새 삶을 살고자 했던 하비의 여정도 10년이 안 돼 막을 내렸다.

하지만 사람들이 하비 인생을 오래도록 기억하는 건 그 짧은 기간 때문이다. 월가에서 승승장구하던 금융맨 하비가 아닌 차별받는 이들의 옆에 서서 함께 조롱받던 소수자 하비가 사람들 마음에 흔적을 남긴 것이다.

2023년 2월 법원이 동성 커플의 국민건강보험 피부양자 자격을 인정해야 한다고 판결한 것도 소수자와 연대했던 하비의 정신을 계승했다고 평가할 수 있을 것이다. 재판부는 "누구나 어떤 면에서는 소수자일 수 있다."라며 "소수자에 속한다는 것은 다수자와 다르다는 것일 뿐, 그 자체로 틀리거나 잘못된 것일 수 없다."라고 했다.

우리는 누구든 다수와는 다른 부분을 조금씩은 가지고 있단 점에서 소수자가 될 수 있다는 것이다. 타인의 소수자성을 인정하는 건 자신이 가진 소수자성도 더 자연스럽게 드러낼 수 있는 기반을 닦는 행위가 된다.

영화 말미엔 하비의 죽음을 추모하기 위한 3만여 명의 인파가 행진하는 모습이 조명된다. 암살당할 것을 대비해서 녹음해 뒀던 하비의 유서가 그를 기리는 사람들을 위로한다. 서로에게 희망이 되길 절대 멈추지 말라고 담담한 목소리로 격려한다.

"게이운동이 계속되길 바랍니다. 개인적인 이득 때문이나 에고나 파워 때문도 아닙니다. 바로 우리를 위한 것이기 때문입니다. 비단 게이뿐 아니라 흑인과 아시아인, 노년층과 장애인을 위한 것입니다. 우리들 말입니다. 희망이 없으면 우리를 포기해야 합니다. 나도 희망만으로 살 수 없다는 것을 잘 압니다. 하지만 희망이 없다면 인생은 살 가치가 없습니다."

※ 고민 있는 날, 씨네프레소 한 잔

영화에선 연대의 방법 중 하나로 자신의 정체성을 드러내는 것을 제안합니다. 소수자로서의 정체성을 밝히는 사람이 점점 많아지면, 이를 감춰야 한다는 압박감은 줄어듭니다. 여전히 숨어 있는 사람이 밖으로 나올 용기를 준다는 이야기죠.

6.

거리 두는 사회,
진심을
어떻게 전할까

인간관계에서 지켜야 할 룰이 많아지고 있습니다. 꼰대 상사, 또는 개념 없는 MZ세대가 되는 걸 피하기 위한 철칙이 넘쳐납니다. 사회 구성원 간 배려하는 마음이 더 커진 것 같기도 하지만, 한편으론 보이지 않는 불신의 장벽이 높아진 듯합니다. 타인에게 어떻게 다가설지에 대한 고민을 담은 작품들을 소개합니다.

1) 영화 〈인턴〉
- 상대도 최선을 다해 나를 배려하고 있다

장르: 코미디·드라마 | 감독: 낸시 마이어스 | 출연: 로버트 드니로, 앤 해서웨이 |
평점: 왓챠피디아(3.9/5.0) 로튼토마토 토마토지수(59%) 팝콘지수(73%)

꼰대론의 유행은 긍정적 측면이 있다. 본인의 언행 중 꼰대로 분류될 수 있는 여러 요소를 살펴보고 이를 최대한 삼가도록 노력하게 만드는 것이다. 군대와 유교 문화 등이 복합적으로 섞인 한국의 직장은 오랜 기간 '개념 있는 후배'에 대해 강조하는 분위기가 너무 강했던 것이 사실이다. 그렇기에 요 몇 년 새 각 직장을 강타한 꼰대론은 그 역풍으로서 균

형을 맞추는 의미가 있다.

다만 모든 개념화가 그렇듯 꼰대론 역시 개인이 지나치게 자기 검열을 하게 만드는 측면이 있다. 꼰대라는 욕을 먹지 않기 위해 자신의 행동과 발언을 검토하는 도중 업무 인수인계와 인간관계에서 필수적인 최소한의 소통마저 차단될 가능성이 있는 것이다.

미국 역시 이런 분위기에서 예외는 아니어서 "오케이, 부머(OK, Boomer)."라는 말이 베이비붐 세대의 꼰대질을 거부하는 신조어가 됐다. 영화 〈인턴〉(2015)은 70대 인턴이 30대 최고경영자(CEO)와 함께 일하는 과정을 경쾌한 분위기로 담았다. 이를 통해 어떻게 하면 꼰대가 되지 않으면서도 직장 내에서 긍정적 인간관계를 추구할 수 있을지 고민해 본다.

70대 인턴, 30대 CEO를 수행하다

이야기는 온라인 의류 스타트업 '어바웃 더 핏(About the Fit)'을 배경으로 펼쳐진다. 줄스 오스틴(앤 해서웨이)은 창업 1년 반 만에 직원 220여 명을 두게 될 정도로 능력 있는 CEO다. 사업을 일정 궤도에 올린 어바웃 더 핏은 사회 공헌 차원에서 65세 이상 노인을 대상으로 시니어 인턴십을 시작하고, 해당 프로그램에 70세 벤 휘태커(로버트 드니로)가 지원하며 두 사람은 대표와 직원으로서 관계를 맺게 된다.

벤은 줄스를 수행하는 일종의 비서 일을 맡는다. 줄스가 시니어 인턴을 탐탁지 않게 여겨 벤은 처음엔 주로 줄스 눈치를 보는 데 시간을 할애

한다. 그러다 벤은 모두가 방치해 어지럽혀져 있던 책상을 정리하며 줄스의 눈에 든다. 또 줄스의 운전기사가 음주하는 모습을 발견해 그날부터 운전을 대신하게 되면서 존재감을 확실히 각인한다. 전화번호부 출판회사에서 임원까지 지냈던 연륜을 살려 자기 자리를 찾은 것이다.

자꾸 조언하고 힐끔거리는 인턴, 불편해

줄스의 일정을 따라 운전을 하던 도중 벤은 자기 경험을 바탕으로 이런저런 조언을 건넨다. 그러다 줄스는 벤이 자신을 너무 힐끔대며 쳐다본다고 생각하고, 동료에게 그의 업무를 변경해줄 것을 요청한다. 아무리 경험 많은 시니어라도 엄연히 자신이 사장인데, 정도를 벗어났다고 생각했을지 모른다. 영화 〈기생충〉(2019)의 박 사장(이선균)이었다면 "선 넘는다."라고 일갈했을 수도 있다.

그러나 벤의 인품에 감화된 줄스는 그것이 본인의 실수였음을 인정하고 다시 자신을 수행하는 일을 맡긴다. 벤은 줄스와 같이 바쁜 CEO가 때때로 감정적 판단을 내릴 수 있음을 이해하고 계속 이전과 같은 태도로 일을 담당한다. '대표가 시키는 데 담당해야지 어쩔 수 있느냐?'라는 질문이 나올 수 있겠지만, 일종의 마찰이 있은 후에도 '이전과 같은 태도'를 보여준다는 건 조금 다른 차원이다.

이를테면 벤은 '그래, 당신이 CEO라 이거지. 나도 사무적으로만 대하겠어.'라며 선을 긋지 않고, 줄스의 행동을 인간 대 인간으로서의 실수로 받아들인 것이다.

30대 CEO 줄스와 70대 인턴인 벤은 세대와 직급을 넘어 소통하게 된다. 〈출처=IMDb〉

사장 남편의 외도를 보고도, 모른 척하다

줄스는 업무적으로도 인간적으로도 점점 벤에게 의지하게 된다. 남편보다 더 잘나가는 아내로서 겪는 개인적 고충을 털어놓고, 자신보다 더 전문적인 CEO를 영입하길 원하는 투자자들의 성화에 어떻게 대처해야 할지도 묻는다. 그때마다 벤은 줄스의 목소리에 귀 기울이며 가끔씩 인생 선배로서 도움말도 남긴다.

벤은 어느 날 줄스의 남편이 외도하는 장면을 목격한다. 새 CEO 채용 건으로 함께 출장을 가는 비행기에서 벤은 자신이 본 것을 줄스에게 전해줘야 하는지 몇 차례 고민하는 것처럼 보이지만, 끝내 얘기하지 않는다. 그 대신 잡담과 농담으로 줄스의 긴장을 풀어주는 데 집중한다. 신임 CEO 후보 면접 전날 밤 줄스가 남편 외도에 대한 고민을 먼저 털어놨을 때에야 벤은 자신도 알고 있었음을 고백한다. 그리고 업무 시간을 줄여 가정의 평화를 지킨다는 명분으로 외부 CEO를 영입하기보다는 본인이 정말 사랑하는 회사를 지속적으로 이끌어가길 권한다.

인간관계는 전부 '사바사', 본인의 최선으로 접근할 수밖에 없어

이 영화엔 산업계의 성차별 문제, 노인 일자리 부족, 투자자 입김이 더 센 현대 스타트업 생태계 등 여러 복잡한 이슈가 담겨 있지만, 깊게 들어가진 않는다. 그저 경쾌한 음악과 영상으로 슬쩍 스케치할 뿐이다. 감독 낸시 마이어스에게 이것은 그저 재밌는 상황이다. 대표작 〈왓 위민 원트〉(2000)에서 세상 모든 여성의 속마음을 듣게 된 남자(멜 깁슨) 이야기를 상상력을 담아 풀어냈듯이, 사회의 일반적 관계에 비춰봤을 때 여러 요소가 전복된 '30대 여성 CEO-70대 남성 인턴'의 상호작용에선 무슨 일이 일어날 수 있는지 살펴보는 것이다. 그래서 관객도 머리 아프지 않게 가벼운 희극으로 즐길 수 있다.

그래도 관객으로선 두 사람의 관계가 어떻게 긍정적으로 풀릴 수 있었는지 생각해볼 거리가 있다. 30대 CEO 줄스가 '눈을 깜빡이지 않는' 직원을 기피한다는 얘기를 하고 다닌다든지, 자기 마음에 들지 않는 행동을 한 직원 자리를 하루아침에 바꿔버리는 행위는 직장 상사 갑질이 아닌가. 70대 인턴 벤이 자기 나이를 바탕으로 대표에게 조언을 건네는 것역시 나이 많은 사람의 '꼰대질'이 아닐까. 필요에 따라 인간적 조언을 남기던 벤이 정작 줄스 남편의 외도를 알고도 모른 척한 것은 받아들이는사람에 따라선 기만행위가 아닐까. 그래서 두 사람이 상호작용에 성공한이유를 '선을 철저히 지키며 꼰대가 되는 것을 피했다'는 것에서 찾기는어려울 것이다.

오히려 이 영화는 인간관계는 전부 '사바사'('사람 바이 사람' · '사람마다 다르다'는 뜻의 신조어)라는 점을 보여준다. 누군가는 상사의 '점심 맛있게 먹었느냐'는 질문을 사생활 침해로 여기겠지만, 누군가는 그런 질문도 없이 업무 지시만 내리는 상사를 비인간적인 일 중독자로 느낄 것이다. MZ세대가 너무 직설적이라며 싫어하는 상사도 있지만, 그들의 솔직한 커뮤니케이션이 업무 효율을 높인다고 좋아하는 상사도 있다.

영화에서 30대 CEO와 70대 인턴이 긍정적 관계를 맺을 수 있었던 것은 결국 두 사람이 서로를 매력적으로 여겼기 때문이지, 선을 철저히 지키려는 상대방의 노력에 감동해서가 아니다.

우리는 모두 다른 세계관을 가지고 있기 때문에 서로 최선을 다함에도한 번쯤은 상대방의 어떤 행위가 너무 선을 넘는다고 생각하거나, 반대로 너무 냉정하다고 느낄 수 있다. 상대방과 적절한 거리를 유지하려는노력을 경주해야겠지만, 어느 순간엔 내 의도와 상관없이 영역을 침범할수도 있는 것이다.

결국 일단 상대와 긍정적 인간관계를 맺기로 결심했다면, 일정한 신뢰가 바탕이 돼야 조화로운 상호작용이 지속될 수 있음을 영화는 보여준다. 그건 상대방의 세계관에서 최선을 다해 나를 배려해준 것이 지금 상대방이 보여주는 행동일 것이라는 믿음이다.

※ 고민 있는 날, 씨네프레소 한 잔

영화의 말미에 개인 문제를 해결한 줄스는 누구보다도 먼저 벤에게 달려갑니다. 공원에서 태극권 수련 중이던 벤은 부드러운 목소리로 "끝나고 얘기해달라."라고 하죠. 내가 상대방에게 불편하게 느끼는 것을 '세대차'라는 이름으로 정리하는 대신, 그저 예의 바르게 지적하고 넘어가는 법을 보여 줍니다.

2) 영화 〈아메리칸 셰프〉
– 사이다와 일침 대신 배려 담은 비판을

장르: 코미디 | 감독: 존 패브로 | 출연: 존 패브로, 존 레귀자모, 소피아 베르가라, 스칼릿 조핸슨 |
평점: 왓챠피디아(3.9/5.0) 로튼토마토 토마토지수(87%) 팝콘지수(85%)

'일침'과 '사이다'의 시대다. 대중은 문제의 핵심을 요약해 짧은 메시지로 꼬집은 트윗에 열광한다. '좋아요', '하트', '리트윗'으로 대표되는 관심 자본은 희소하기 때문에 이를 얻기 위한 경쟁은 점점 치열해지고, 더 뾰족한 일침과 더 톡 쏘는 사이다가 난무하고 있다. 그러나 압축적인 비판에는 종종 배경과 맥락이 생략되고, 지적의 대상이 되는 사람은 쉽게 회복되지 않는 상처를 입기도 한다.

〈아메리칸 셰프〉(2014)는 비평의 예의에 대한 영화다. 로스앤젤레스 일류 레스토랑 골루아즈의 셰프인 칼 캐스퍼는 어느 날 유명 요리 비평 블로거 램지 미첼의 방문을 받는다. 그러나 칼과 스태프들이 최선을 다해 준비한 요리에 램지 미첼은 진부하기 짝이 없는 메뉴라는 독설을 남긴다. '극적인 체중 증가를 보아 하니 손님이 남긴 음식이 많아서 스스로 먹기 바쁜 모양'이라고 인신공격을 한다.

"살 찐 셰프, 손님이 남긴 음식 다 먹는 듯"

사실 지난 5년간 레스토랑 '골루아즈'가 창의성을 잃었다고 생각한 건 셰프인 칼 캐스퍼 역시 마찬가지였다. 그러나 본인이 레스토랑 오너가 아닌 이유로 사장의 요구에 따라 메뉴를 유지할 수밖에 없었던 것이다. 그렇기에 평론가의 비평이 더욱 잔인하게 느껴진다. 전후관계에 대한 충분한 확인 없이 쏟아낸 독설일 뿐이기 때문이다. 요리 하나를 만드는 데 관여한 수많은 스태프의 마음에 상처가 될까 봐 걱정한다.

이 작품은 영화에 대한 영화로도 볼 수 있다. 거대한 예산이 소요되는 상업영화에서 셰프에 해당하는 감독 또한 자본의 입김에서 자유롭지 못하다는 점에서다. 〈아메리칸 셰프〉의 주연, 연출, 시나리오를 맡은 존 패브로는 여러 영화에서 배우, 감독, 각본가를 넘나들었다. 〈아이언맨〉을 연출하며 마블 히어로 연작의 성공적 시작에 기여한 그는 〈아이언맨 2〉 감독을 맡을 땐, 마블 스튜디오의 간섭에 학을 뗀 것으로 전해진다. 〈아

"내 스태프들 고생을 알아? 그 따위로 써놓으면 아파.
이 양반 문 닫을까 봐 굽신대는 것 좀 봐."(칼 캐스퍼, 독설을 남긴 요리 비평 블로거에게)

메리칸 셰프〉 속에서 주인공 셰프와 레스토랑 사장과의 껄끄러운 관계에
는 이러한 감독 본인의 경험이 반영돼 있을지 모른다.

　오너와의 갈등으로 인해 칼 캐스퍼가 주방을 지휘할 권한을 뺏긴 사
이, 평론가는 레스토랑을 한 차례 더 찾고, 캐스퍼의 요리에 대한 실시
간 악평을 트위터에 남긴다. 영화의 개봉 후 언론, 평단, 네티즌 평가에
실시간으로 상처 받는 영화인들처럼 분노를 느끼던 캐스퍼는 자신을 내

최고급 레스토랑 셰프 자리에서 밀려난 칼 캐스퍼
는 푸드트럭을 통해 다시 일어선다. 〈출처=IMDb〉

쫓은 직장으로 한 번 더 찾아가 평론가에게 그간 쌓인 감정을 터뜨린다.

"당신이 하는 게 뭔데? 앉아서 처먹고 되는 대로 지껄이고 시시덕거리면

땡이지. 내 스태프들 고생을 알아? 상처 받는다고!"

다이어트 중 관람하면 위험한 '웰메이드 음식 영화'

독설의 평론가에게 캐스퍼가 독설로 앙갚음하는 모습을 담은 영상은

유튜브 등 각종 미디어를 통해 퍼져나가며 그를 곤란하게 하지만, 한편으로는 소셜미디어에서 캐스퍼를 유명 인사로 만든다. 레스토랑을 떠난 캐스퍼는 푸드트럭을 시작한다. 그의 타고난 요리 솜씨에 SNS를 이용한 마케팅이 더해지며 푸드트럭은 순식간에 핫플레이스로 떠오른다.

영화는 이 모든 과정을 유머러스하게 그린다. 미국 코미디에서 자주 드러나는 쿨한 태도가 돋보인다. 일류 셰프에서 길거리로 밀려난, 어찌 보면 꽤나 좌절할 수 있는 상황에서도 주인공은 스스로를 동정하지 않는다. 그의 친구들도 애써 감동적인 말을 짜내 용기를 북돋워주기보다는 오히려 그런 처지를 놀리며 옆에서 시간을 함께해준다. 최고급 레스토랑에서 재료를 손질하는 모습부터, 푸드트럭에서 쿠비식 샌드위치를 만드는 과정까지 맛깔나게 담아내 관객의 식욕을 자극한다. 다이어트 중 보기에는 적합하지 않을 수 있다.

상대에 대한 존중을 잃지 않고 비판하기

킬링타임용으로 딱 좋은 이 영화는 남을 비판할 때 갖춰야 할 매너에 대한 이야기로 마무리한다. 과거의 앙금을 풀기 위해 푸드트럭을 찾아온 평론가에게 캐스퍼가 털어놓는다. "우리 사이의 일로 나도 충격이 컸어요. 당신은 내 자존심을 빼앗았고, 내 경력과 존엄성을 빼앗아갔어요. 댁 같은 사람들은 신경도 안 쓰겠지만 우리한텐 상처예요. 우린 노력한다고요."

한국 관객들도 공감할 지점이 있을 것이다. 영화에서는 그나마 음식

평론가가 음식에 대한 독설로 문제를 일으킨 정도였지만, 국내에서는 몇 년 사이 특정 분야에서 유명세를 얻은 사람이 세상 모든 분야에 '일침'을 가하고 다니는 일이 많아졌다. 기본적인 사실관계도 확인하지 않은 무차별적 비판에 당사자, 가족, 친구들까지 상처를 받는 경우도 늘고 있다. 꼭 필요한 비판을 하더라도 상대에 대한 존중을 갖춰야 한다는 메시지를 영화는 부담스럽지 않은 방식으로 넌지시 전한다.

※ 고민 있는 날, 씨네프레소 한 잔

비판의 목적이 상대를 나아지게 하는 데 있다면 더더욱 배려를 담아야 합니다. 자신을 존중하지 않는 사람의 말을 귀담아 듣기는 힘드니까요.

3) 영화 〈굿 윌 헌팅〉

- 의미 있는 관계는 함께 보낸 무의미한 시간 속에서 자란다

장르: 드라마 | 감독: 구스 반 산트 | 출연: 맷 데이먼, 로빈 윌리엄스, 벤 애플렉, 미니 드라이버 |
평점: 왓챠피디아(4.2/5.0) 로튼토마토 토마토지수(97%) 팝콘지수(94%)

유년기와 청소년기는 인간이 가장 다감한 시기다. 책을 읽든 노래를 듣든 나무가 뿌리로 물을 빨아들이듯 그 안의 양분을 강력하게 흡수한다. 같은 원리로 상처도 더 쉽게 받는다. 어린 시절 겪은 신체·언어폭력은 머릿속에서 유튜브 동영상처럼 생생하게 재생된다. 가정 및 학교폭력을 '집안일'이나 '애들 일'로 치부하는 대신 더 강력하게 처벌해야 한다는 근거가 있다면, 바로 피해자가 받은 상처가 평생 그를 따라다니며 괴롭힐 수도 있다는 점이 될 것이다.

〈굿 윌 헌팅〉(1997)은 천재적인 두뇌를 가졌지만 세상에 대한 회의로 이를 드러내길 포기한 청년 윌 헌팅(맷 데이먼)의 이야기다. 한 번 읽은 책 내용을 줄줄이 꿰는 그는 수학, 법학, 인문학에 재능이 있을 뿐 아니라 예술적 감각도 뛰어나지만 대학 진학 등으로 진로를 만드는 데는 관심이 없다. 어린 시절 학대받은 기억이 발목을 잡아서다. 어느 날 윌의 상처를 알아본 교수 숀 맥과이어(로빈 윌리엄스)가 손을 내밀지만, 그는 가시 돋친 말로 숀에게 상처를 준다.

도움의 손길 내밀었더니 …'아내가 다른 남자랑 눈 맞았냐'고 모욕

영화는 윌의 일상을 비추며 시작된다. 그는 친구들과 공사장에서 일하다 밤에는 술집을 돌아다니는 삶에 만족하는 것처럼 보인다. MIT에서 청소 아르바이트를 하는 그는 창문 너머로 수학 교수 랭보(스텔란 스카스가드)가 낸 문제를 곁눈질했다가 몰래 해답을 적어내면서 주목받는다. 어느 날 랭보 교수는 폭행죄로 구속된 윌이 석방되도록 도우면서 2가지 조건을 내세운다. 하나는 그와 일주일에 한 번씩 만나 수학에 대한 이야기를 나누는 것, 다른 하나는 상담 치료를 받는 것이다.

윌은 교수와 수학에 관해 대화하는 것엔 흥미를 느끼지만, 정신과 치료는 불필요하다고 생각한다. 그래서 랭보가 소개해주는 전문가들에게 예의 없는 태도를 보여주며 다가오지 못하게 한다. 다섯 명의 정신과 전

"내가 사랑에 관해 물으면 넌 시도 한 수 읊을 수 있겠지만,
한 여인에게 완전히 포로가 돼본 적은 없을 걸.
또한 한 여인의 천사가 돼 사랑을 지키는 것이 어떤 건지 넌 몰라."(숀)

윌은 몇 주간이나 이어진 숀의 기다림과
인내에 먼저 마음을 연다. 〈출처=KMDb〉

문가가 그를 포기한 이후로 랭보가 떠올리는 사람이 바로 숀 맥과이어다. 랭보는 늘 숀이 심리학에 가장 정통한 인물이라고 생각하면서도 처음부터 그에게 도움을 요청하진 않았는데, 학창 시절 라이벌이었던 둘 관계가 껄끄러웠기 때문이다. 랭보는 두 사람의 불편한 역사에도 자존심을 굽히고 숀에게 윌을 만나달라고 할 정도로, 윌의 재능이 아깝다고 생각한다.

여느 때처럼 관계의 주도권을 쥘 틈을 찾던 윌은 숀이 직접 그린 그림을 보고 심리학적 분석을 시작한다. 난파될 듯 위태로운 배에 탄 남성은 숀을 가리키는 것이고, 그건 숀이 '잘못된 여성'과 결혼해서 생긴 마음의 문제를 암시하는 것이라고 추측한다. 상대방이 넌더리를 내며 떠나게 하려고, 가장 상처가 될 만한 부분을 짚은 것이다. 자신의 분석에 숀이 동요하는 모습을 보이자 윌은 '딴 남자랑 눈이 맞아서 떠났냐'며 질문의 수위를 높인다.

그러나 숀은 분노하며 자리를 뜨는 대신 윌의 목을 강하게 조르며 다시는 본인 아내를 모욕하지 말라고 경고한다. 이것은 윌에겐 새로운 경험이다. 이전의 어른들은 자신의 건방진 모습에 치를 떨며 떠났지만, 숀은 그의 잘못된 행동을 지적하면서 '다음'을 기약한 것이다. 이후 매주 한 번씩 만나는 동안 숀은 윌의 입을 열려고 무리하게 애쓰지 않는다. 윌이 먼저 마음을 열고 자신에게 다가오지 않으면 진정한 상담이 이뤄질 수 없다고 판단한 것이다. 몇 주 동안 이어진 숀의 기다림과 인내에 윌은 농담으로 입을 뗀다.

의미 있는 관계는 함께 보낸 무의미한 시간에서 시작된다

이것은 인간관계 본질에 대한 얘기다. 우리가 누군가와 의미 있는 관계를 맺기로 결심하는 건, 그가 나와 기꺼이 '무의미한' 시간을 보내는 모습을 보고 나서인 경우가 많다. 굳이 의미 있는 시간을 보내려 노력하는 대신, 수다를 떨고, 술을 마시고, 소파에 멍하니 앉아 있는 동안 한 사람과 신뢰가 쌓이기도 하는 것이다. 그것은 그가 나와 함께한 시간의 목적이 오로지 나 자신에게 있었다는 뜻이기 때문이다. 윌은 상담사들이 전문성을 앞세워 그의 어둠을 끄집어내려고 했을 땐 호응하지 않았지만, 실없는 농담을 주고받으며 자신과 함께 있는 시간 자체에서 의미를 찾은 숀에겐 마음의 빗장을 열어 보인다.

소중한 친구가 된 숀 선생님, 내 진짜 모습 보고 떠나면 어쩌지

윌은 숀과 친해질수록 그와의 관계가 슬슬 걱정되기 시작한다. 그 불안감은 자신이 학대받은 기록을 적어놓은 서류를 윌이 모두 읽어봤다는 데서 일부 비롯된다. 인간이 가장 사랑스러운 때인 어린 시절 이뤄진 수차례의 파양, 양부모로부터 지속된 폭력은 어쩌면 자신이 사랑받기엔 부족한 존재라는 증거일지 모른다고 그는 여겨왔던 것 같다. 여자친구(미니 드라이버)와 깊은 친밀감을 느끼게 되자 먼저 밀쳐낸 것은 그런 이유다. 자신이 온전한 존재가 아니라는 점을 그녀가 발견하는 것이 두려웠기 때문이다.

"평가 결과는 어때요? 애정 결핍 같은 건가요?" 윌은 자신을 숀이 어떻게 평가하고 있을지 궁금해 한다. 어쩌면 저 질문 역시 자신을 방어하려는 노력이었을지 모른다. 자신이 충분히 예상할 수 있는 범위로 답변을 좁혀가는 것이다. 그러나 숀은 서류를 덮고 얘기한다. "네 잘못이 아니야."

"알고 있다."라고 얘기하는 윌에게 숀은 몇 차례나 거듭해서 말한다. "그건 네 잘못이 아니다." 숀은 윌에게 가장 필요한 것은 인정이라고 생각했다. 학대받은 경험은 자기 잘못이 아니라고 인정해야 다음 단계로 넘어갈 수 있다고 말이다. 가정폭력 피해자는 가해자를 원망하면서도 자책하는 경우가 많다. 세상에서 날 가장 사랑해줘야 할 이들이 내게 가장 큰 상처를 준 이유는, 어쩌면 내가 사랑받기엔 부적합한 존재이기 때문일지 모른다고 의심할 수 있어서다. 위악(僞惡)으로 자신의 약한 내면을 가리던 윌의 방어기제를 무너뜨리는 데는 단 한 마디면 충분했지만, 저 말이 그의 옆을 지나던 아무개의 입에서 나왔다면 위안이 되진 않았을 것이다. 그건 윌과 충분한 신뢰 관계를 쌓은 숀의 입에서 나왔을 때야 비로소 의미 있는 위로가 된다. 나와 기꺼이 무의미한 시간을 보내주며 나를 소중히 여겨준 그가 "네 잘못이 아니다."라고 말을 건네줬기에, 윌은 자책하던 태도를 벗어나보겠다고 한 걸음 내딛게 된다.

숀 같은 어른을 못 만났을지라도, 숀 같은 어른이 될 수는 있다

심리 치료 역할을 해줄 수 있는 영화를 꼽을 때 빠지지 않고 등장하는 작품이다. 맷 데이먼, 벤 애플릭이 공동으로 집필한 시나리오가 탄탄

한 데다, 거장 구스 반 산트 연출이 유려하다. 무엇보다도 로빈 윌리엄스의 연기가 무게감 있고 안정적이다. 그가 연기한 숀 맥과이어는 그저 좋은 말만 해주는 멘토가 아니다. 상처를 안고 사는 그는 친구처럼 이야기를 경청하다가도 필요할 땐 멘티가 듣기 싫어하는 쓴소리를 건넨다. 윌을 끌어안는 그의 위로가 진실되게 다가오는 이유는 그토록 복잡한 인물인 숀을 로빈 윌리엄스가 입체적으로 표현한 덕일 것이다.

'돌직구'와 '일침'이 인기를 끄는 요즘의 사회에선 이 영화가 다소 간지럽다고 느낄 관객도 많을 것이다. 2000년대 범람한 힐링 콘텐츠에 대한 반작용인지, 최근엔 '네 잘못이다, 네 선택이다.'라는 직언이 위로보다 책임감 있다고 인정하는 분위기가 존재한다.

그러나 〈굿 윌 헌팅〉은 모든 것을 다 덮어놓고 괜찮다고 위무하는 무대책 힐링 영화가 아니다. 숀은 윌이 남에게 상처를 주고, 무책임한 행동을 할 땐 잘못된 것이라고 분명히 지적한다. 다만, 윌이 여러 차례 버림받고, 보호자에게 폭행당한 것은 그의 잘못이 아니라고 선을 그어주는 것이다. 윌이 세상과 주변 사람들에게 상처를 입히며 삐뚤어진 행동을 한 출발점이 '나는 사랑받을 만한 존재가 아니다.'라고 자책하는 태도일 수 있음을 숀은 직시했다.

자기 자신을 부정하는 사람에게 어떤 행동이 옳고 그른지를 설교해봤자 그가 반성할 가능성은 작다. 그가 올바른 삶을 살도록 이끌기 위해선 자신을 긍정하는 데서 시작해야 하기에 "네 잘못이 아니다."라는 메시지는 여전히 유효하다.

물론 이 영화를 보다가 '내 인생엔 그런 어른이 없었는데' 라는 아쉬운 마음이 들 수 있다. 그럼 초점을 윌에서 숀으로 옮겨가 이 영화를 다시 보는 건 어떨까. 이 작품은 윌이 숀에게 위로를 받는 영화인 동시에 숀이 윌을 품는 영화이기도 하니깐 말이다. 당신 주변의 어린 사람 목소리를 진심으로 경청해준다면, 훗날 우연히 이 영화를 만난 그가 숀에게서 당신 모습을 발견할지도 모를 일이다.

※ 고민 있는 날, 씨네프레소 한 잔

윌은 첫 만남부터 자신을 고치려 달려드는 전문가들에겐 마음을 열어 보인 적이 없습니다. 반면, 자신과 무의미한 시간을 보내준 숀에겐 진심을 들려주죠. 관계에서 자꾸 의미를 만들어내려는 강박으로는 의미 있는 관계에 다다르기 어렵다는 이야기입니다.

---

4) 영화 〈쌍화점〉

- 진심 어린 걱정에 왜 상처받을까

장르: 드라마·로맨스 | 감독: 유하 | 출연: 조인성, 주진모, 송지효, 임주환, 심지호, 송중기 |
평점: 왓챠피디아(2.9/5.0)

　많은 이가 명절 때 상처 받는다. 친척이 한데 모이는 설과 추석은 집안
의 걱정이 한곳에 응집되는 시기이기도 하다. 물론 개중엔 애초에 상처
를 주기 위한 목적으로 건네는 염려의 말도 있지만, 때때로 우리는 가족
의 진심 어린 걱정에도 상처를 받는다. 왜 애정에서 우러나온 걱정이 사
랑하는 이에게 상처로 남을까. 따뜻한 관심에서 비롯된 걱정을 기분 나

쁘게 받아들이는 사람이 너무 예민한 건 아닐까.

〈쌍화점〉(2008)에는 이 질문에 대해 고민해볼 수 있는 대목이 나온다. 바로 주인공 홍림(조인성)과 그가 아끼는 후배 한백(임주환)의 관계에서다. 홍림이 자신의 평판을 걸고 조직에서 보호해준 한백은 누구보다도 홍림을 따르지만, 어느 날 성불구가 된 선배 인생을 진정으로 걱정해서 건넨 한 마디로 상대에게 큰 상처를 주고 만다.

왕후와 사랑에 빠진 호위 무사 … "저놈의 뿌리를 뽑아라"

홍림과 한백의 관계를 살펴보기 전에 영화 줄거리를 훑어보자. 고려 말 원 간섭기에 고려의 왕(주진모)은 서른여섯 명의 미남자를 선발해 왕 친위 부대인 건룡위를 조직한다. 건룡위 총관인 홍림은 무예와 통솔력이 뛰어난 조직의 핵심 인물일 뿐 아니라 왕과 동침하는 사실상의 애인 사이다.

그러나 후사를 요구하는 원의 압박에 왕은 홍림에게 왕후(송지효)와 합방할 것을 명한다. '여자를 안을 수 없는' 자신을 대신해 홍림이 왕후와 아이를 만들길 요구한 것이다. 왕의 비상식적인 명령을 억지로 수행하며 잠자리를 갖던 도중 두 사람은 사랑에 빠지게 되고, 몇 차례 눈감아줬음에도 점점 수위를 높여가는 두 사람의 애정 행각에 왕은 홍림을 처벌하게 된다. 그를 죽이는 대신 거세함으로써 자신이 느낀 치욕감을 돌려준 것이다.

감독은 세 사람의 치정극을 중심에 놓고 주변 인물의 관계를 흥미롭게 배치함으로써 몰입도를 높인다. 홍림과 라이벌 관계에 있으면서도 어렸을 때부터 함께 지낸 정 때문에 그에게 연민을 느끼는 부총관 승기(심지호), 앞에선 왕에게 존경을 표하지만 속으론 원나라 출신인 자신이 더 위에 있다고 생각하는 왕후의 오빠(조진웅) 등을 등장시켜 국가 혼란기에 제각기 다른 방식으로 생존해나가는 인간 군상을 그렸다.

한백도 비중 있게 그려지는 인물 중 하나다. 궁녀와 함께 궁을 탈출하려다가 생포당한 그는 '목을 베라'는 왕의 명령에도 목숨을 부지한다. 홍림이 스스로 위험해질 것을 무릅쓰고 왕에게 그를 한 번 용서해달라고 간청한 덕이다. 한백은 이후 홍림을 그림자처럼 따르며 홍림이 주도하는 모든 일에서 솔선수범한다.

"왕후를 구출해서 뭐합니까. 형님은 거세당한 남자입니다"

한백이 홍림에게 얼마나 충성했는지는 왕후가 그를 대하는 태도에서도 확인할 수 있다. 왕후는 감금된 홍림을 궁에서 탈출시키려 하는데, 그 이유는 과거 두 사람이 가진 관계로 인해 수태한 것을 발견했기 때문이다. 왕이 자신의 임신 사실을 알게 되면 비밀을 지키기 위해 임신과 관련된 모든 자를 살해할 것이라고 왕후는 예상한다. 이때 왕후가 제일 먼저 찾는 사람이 한백이다. 왕을 지키는 것이 제일 목적인 조직에 소속된 한백이 왕명보다 홍림의 안위를 우선해서 챙기리라고 확신한 것이다. 실제 한백은 왕후의 서찰을 받자마자 건룡위 구성원 일부를 이끌고 홍림을 구출한다. 자신과 뜻을 함께한 무리가 전부 궁에서 쫓겨나 도망자 신분으

왕후를 사랑한 죄로 홍림은 거세당한다. 아끼던 후
배는 진심을 담아 그의 처지를 걱정해준다. 하지만
홍림은 깊은 모멸감을 느낀다. 〈출처=KMDb〉

"우리 궁을 나가자. 네가 원에 가자면 원에 갈 거고,
산에 숨자면 거기도 기꺼이 따라갈 수 있다."(왕후)

로 살더라도 홍림을 구하는 것이 옳다고 판단한 것이다.

그러나 사랑에 눈이 멀어버린 홍림이 왕후를 구하러가겠다고 고집을 부리며 한백은 더 큰 고민에 빠지게 된다. 거세당한 후 몸을 채 회복하지 못한 홍림이 혼자서 궁궐로 침투해 왕후를 구출할 가능성은 별로 없다. 물론 홍림이 왕후 구출을 시도하다가 잡혔을 때 건룡위 일당에게 괘씸죄가 더해져 왕실로부터 더욱 격한 추격을 받게 될 것이 우려됐을 수도 있다.

하지만 이미 도망자 신분으로 살겠다고 결심하고 궁에서 나온 점을 감안해봤을 때, 한백이 그를 만류하는 것은 진정 홍림의 안전이 걱정됐기 때문으로 보는 편이 합리적일 것이다. 한백은 자신의 염려를 귓등으로 듣는 홍림에게 말한다.

"정 그렇다면 가십시오. 한데 마마를 뫼시고 나와서 어쩌시게요? 평생 바라만 보시겠습니까? 마마가 퍽이나 행복해 하시겠습니다."

한백은 홍림의 계획이 목적에 부합하지 않는다는 점을 지적하고 있다. 왕후를 구출하는 목적은 결국 두 사람이 함께 행복해지는 것일 텐데, 거세당한 홍림으로서는 왕후를 행복하게 해줄 방법이 없다는 이야기다. 홍림의 눈빛엔 한백을 향한 경멸과 수치심이 지나간다. 말을 돌려서 했지만 결국 한백의 말은 "당신은 거세된 남자"라는 뜻이기 때문에 홍림이 모멸감을 느끼는 것은 당연하다. 화도 내지 않고 말을 타고 떠나는 홍림은 한백에게 인간적으로 큰 실망을 한 듯 보인다. 아무리 자신을 걱정해서

한 말이라고 한들 그건 홍림으로선 견딜 수도 견딜 필요도 없는 모욕인 것이다.

벌거벗고 외출을 하는 꿈 … 결핍에 시선이 집중되는 것에 대한 공포

대부분의 사람은 자신이 무언가를 가지고 있지 않다는 사실로 주목 받는 것에 불편함을 느낀다. 많은 사람이 꾸는 벌거벗고 공공장소에 가는 꿈은 이를 보여준다. 꿈의 주인공은 바지를 갖춰 입지 않은 자신에게 타인의 눈길이 모이는 상황에 당황한다. 이 꿈은 인간이 자신에게 결핍된 요소에 시선이 집중되는 상황을 본능적으로 두려워한다는 것을 보여준다.

이런 사례는 꿈이 아닌 현실에서도 찾을 수 있다. 과제를 수행하지 않은 채 수업이나 회의에 참석했는데 주최자가 시간이 다하도록 이를 언급하지 않을 때 당사자는 안도감을 느낀다. 이럴 때 제일 원망 받는 참석자는 굳이 '과제 검사 안 하느냐고 손을 들어 묻는 사람이다. 그가 미운 이유는 과제를 잊은 당사자가 감점 등 불이익을 받을 가능성을 높였기 때문이기도 하지만, '내가 과제를 하지 않았다'는 사실에 다수의 시선이 집중되는 껄끄러운 상황을 만들었기 때문이기도 하다.

우리가 가장 편하게 여기는 사람은 자신이 무언가를 갖고 있지 '않음에도' 받아들여주는 사람이 아니다. 자신이 무언가를 갖고 있지 않다는 사실을 인지조차 못하는, 또는 인지하더라도 이를 내색하지 않는 사람이다. '나는 네가 재산이, 큰 키가, 학벌이, 미모가 없지만 너를 좋아한다'고 표현하는 사람을 편한 친구나 파트너로 여기긴 힘들 것이다. 왜냐면 그는 적어도 상대방에게 무언가가 부족하다는 사실을 머릿속으로 생각하고 있다는 뜻이기 때문이다.

우리가 특정 집단에서 편안함을 느끼기 위해서도 자신의 결핍으로 인해 느껴지는 이질감이 없어야 한다. 그 조직에 발을 들일 때마다 '당신은 비록 우리 모두가 가진 것을 지니고 있지 못하지만, 우리는 당신을 환영한다'고 느껴지게 하는 곳에서 환영받는 느낌을 갖긴 힘들 것이다. 이미 내 결핍이 주목받고 있다는 사실에 거북해지기 때문이다.

홍림에게 건륭위는 딱히 자신의 결핍을 신경 쓰지 않아도 되는 집단이었던 것 같다. 한백이 굳이 언급하기 전까지는 홍림은 자신이 궁형을 당했다는 것 자체를 잊어버린 듯 행동한다. 그러다 한백이 그것을 대화의 주제로 끌어올린 순간 홍림은 실제 거세당하는 순간만큼이나 치욕스러운 듯한 표정을 짓는다. 조직의 모든 구성원이 자신의 결핍에 집중하게 됐을 때, 그는 그곳에서 예전만큼 편안하게 받아들여지기 어려워졌음을 깨달았을 것이다.

소중하게 여긴다면 걱정에 신중해야 한다

많은 사람이 명절에 오가는 걱정을 불편하게 여기는 이유도 여기서 찾을 수 있을 것이다. 친척의 걱정이란 보통 결핍에 대한 것이 주를 이루기 때문이다. 학벌, 직장, 애인, 배우자, 자녀, 부동산 등 상대가 아직 갖지 않은 것에 대해서 언제쯤 가질 예정이냐고 물으며 걱정한다. 순간 다른 친척들의 관심도 그가 가진 결핍에 집중된다. 그러나 이런 걱정이 큰 의미가 없는 이유는 본인에게 무언가가 없다는 사실을 그 자신만큼 잘 아는 사람은 없기 때문이다. 자신이 먼저 언급하지 않았는데 그런 결핍이 화제로 오르는 상황을 유쾌하게 받아들이기는 쉽지 않다.

결핍에 대한 걱정은 그것을 진정으로 갖고 싶은데 못 가진 사람에게만 불쾌하게 다가가는 것은 아니다. 저런 것이 전혀 필요하지 않다고 느끼거나 가치관에 따라서 일부러 멀리하는 사람이라고 하더라도 남이 이에 대해 걱정해주는 상황은 불편할 수 있다. 일단 그가 걱정을 입 밖으로 꺼냄으로 인해 상대방은 그가 인생에서 중요하게 생각하는 게(학벌, 직장, 혼인 등) 무엇인지 인식하게 된다. 이어 그의 머릿속에서 자신은 그것을 갖추지 '못한' 사람으로 인지되고 있다는 사실을 알게 된다. 저런 걱정은 단 한 번 입밖으로 꺼내는 것만으로도 상대방의 기분을 명절 내내 망칠 수 있다.

　　.

그렇기에 상대방의 결핍에 대해 걱정하는 것은 신중에 신중을 기해야 한다. 당신이 그의 결핍을 근거로 무언가를 해야 한다고, 또는 무언가를 하지 말아야 한다는 걱정의 말을 건네는 순간 상대방이 당신에게 거리감을 느끼게 될 수 있기 때문이다.

이를테면 한백의 염려를 들은 홍림이 왕후를 구출하는 계획을 다시 한번 생각해볼 수 있겠지만, 그렇다고 한백을 예전처럼 아끼긴 힘들 것이다.

왜냐면 한백의 머릿속엔 자신이 여자를 행복하게 해줄 능력이 결핍된 사람으로 인식되고 있단 사실을 알아버렸기 때문이다. 특히, 정말 소중하게 여기는 사람이 있다면 그에 대한 걱정을 입 밖으로 꺼낼 때 조심해야 한다. 애정에서 비롯된 당신의 걱정이 오히려 그 사람을 밀어낼 수 있음을 염두에 둬야 한다.

※ 고민 있는 날, 씨네프레소 한 잔

사람은 대부분 자기의 부족한 부분을 알고 있습니다. 스스로의 부족함을 인지조차 못 하게 하는 관계를 편하게 느끼기 쉽습니다. 상대를 진심으로 걱정해주는 한 마디가 그를 멀리 밀어낼 수도 있음을 기억해야 합니다.

---

5) 영화 〈이보다 더 좋을 순 없다〉
- 비정상성을 인정할 때, 연애가 지속된다

장르: 코미디·로맨스·드라마 | 감독: 제임스 L. 브룩스 | 출연: 잭 니컬슨, 헬렌 헌트, 그레그 키니어 |
평점: 왓챠피디아(3.9/5.0) 로튼토마토 토마토지수(86%) 팝콘지수(86%)

세기의 커플로 불렸던 두 사람이 결혼 후 몇 년도 안 돼 결별하는 뉴스
를 심심치 않게 접할 수 있다. 이유를 들어보면 두 사람은 헤어지는 게
맞았을 것이라는 생각이 드는 경우도 많지만 '생활 습관', '성격 차이'처럼
상대적으로 사소해 보이는 사유도 꽤나 있다. 온 세상의 아름다움을 모
두 본인들의 것으로 취한 듯했던 완벽한 한 쌍이 헤어질 땐 '양말을 뒤집

어서 벗어놓는다, 우리 부모의 잔소리에 싫은 표정을 지었다.'와 같은 다소 시시하고 지질한 이유를 드는 것이다. 어쩌면 서로에게 빠진 원인이 '완벽'이었기 때문에 이처럼 작은 단점도 치명적인 결함으로 보였을지도 모른다.

〈이보다 더 좋을 순 없다〉(1997)의 여자 주인공은 연애의 시작을 놓고 고민하는 인물이다. 그녀는 본인과 '세기의 커플'을 이룰 수 있을 만한 완벽한 상대를 찾는 게 아닌데도 연애가 쉽지 않다. 그녀는 다만 좀 '정상적'인 사람을 만나길 원한다. 그 정도면 연애 상대에게 바라는 것치고는 꽤나 소박한 조건일 텐데도 이 여성은 쉽게 연애에 발 들이지 못한다. 그것은 그녀에게 최근 구애하기 시작한 남자가 강박증이 있고, 소수자에 대한 혐오를 노골적으로 드러내며, 막말을 일삼는 인물이어서다.

"이웃집의 귀찮은 강아지, 쓰레기통에 버려야지"

영화 초반부엔 이 남자의 괴팍한 성격이 묘사된다. 소설가 멜빈 유달(잭 니컬슨)은 손을 한 번 씻는데 새 비누 여러 개를 버릴 정도로 강박증과 결벽증이 심한 인물이다. 또 이웃과 도통 화합할 줄 모른다. 어느 날 복도에서 길을 잃은 이웃집 강아지를 공용 쓰레기통에 버릴 정도로 인정이 없다. 강아지가 혹시나 바닥을 더럽힐까 봐 걱정된다는 이유로 비상식적 결정을 내린 것이다.

강아지의 주인은 이웃집 화가 사이먼 비숍(그레그 키니어)이다. 쓰레기통에서 개를 발견한 사이먼이 자신에게 항의하러 오자 그는 "집에서 사람이 죽어서 썩은 냄새가 진동하거나, 당신의 동성애 파트너가 첫 번째 퀴어 대통령으로 당선돼서 축하하고 싶더라도 이 문은 두드리지 말라.”라고 막말을 한다. 소설에 집중하고 있던 자신을 방해했다는 이유로 상대방에게 가장 상처가 될 만한 말만 골라서 쏟아낸 것이다.

혐오 발언 일삼으며 남을 밀어내는 소설가도, 사실은 외롭다

여자 주인공인 캐롤 코넬리(헬렌 헌트)는 멜빈이 단골로 방문하는 식당의 종업원이다. 자기밖에 모르는 멜빈은 식당에서도 진상 고객이다. 자신이 선호하는 테이블에 앉아 있는 고객에게 “언제까지 죽치고 앉아 있을 거냐. 당신 식욕도 당신 코처럼 크냐.”라고 물으며 자리에서 쫓아낸다.

까탈스럽기 그지없는 그가 이 식당의 단골일 수 있는 것은 오로지 캐롤이 상냥하게 받아주기 때문이다. 캐롤은 멜빈의 출입을 금지시키라는 지배인의 말에 '한 번 더 기회를 주자'며 만류한다.

난치병 환자인 아들을 둔 캐롤 앞에서 '나나 당신이나 당신 아들이나 다 죽는다'는 말을 무심히 내뱉어 마음을 아프게 하지만, 캐롤은 그에게 기회를 준다. 그것이 그의 진심은 아닐 것이란 믿음을 마음 한구석에 가지고 있기 때문이다.

아들 치료비 내준 부유한 소설가, 이제 나에게 연애하자고

캐롤의 고민은 멜빈이 종업원 · 손님 관계를 넘어 연인으로 나아가고

자 하는 뜻을 내비치며 싹튼다. 오랫동안 높은 의료비용 때문에 아들의 병을 고치지 못했던 캐롤은 유명 소설가로서 막대한 부를 축적한 멜빈이 치료비 일체를 부담하기로 하면서 인생 최대 고민을 해소하게 된다. 모든 이에게 날카롭게 반응하는 멜빈은 캐롤에겐 다정하다. 캐롤의 다크서클을 걱정해주고, 캐롤이 듣고 싶은 말이 무엇일지 고민한다.

문제는 연애 상대로서 멜빈은 결격 사유가 여럿이라는 데 있다. 강박증으로 도로에서 금을 밟지 않고 걸어야 하기 때문에 캐롤과 나란히 나아가지 못한다. 생각을 필터링 없이 그대로 내뱉는 성격 때문에 뜻밖에 불쾌한 상황을 맞닥뜨릴 때도 한두 번이 아니다. 그럼에도 캐롤은 그와 함께해보고자 마음먹는데 그의 흠 대신 장점에 주목하기로 결심하면서다.

당신은 나를 더 좋은 남자가 되고 싶게 만들었어요

캐롤이 생각하는 멜빈의 장점 중 하나는 자신에게 멋진 칭찬을 건넨다는 것이다. 그는 자신이 언어에 갖고 있는 장기를 십분 발휘해 캐롤을 감동시킨다.

"당신은 나를 더 좋은 남자가 되고 싶게 만들었다."란 말이 대표적이다. 멜빈의 칭찬이 더 진실하게 느껴지는 이유는 그가 평소에 스테이플러에 찍혀도 피 한 방울 안 흘릴 것 같은 독설가란 점과도 관련 있다. 평상시 입에 발린 소리를 절대 하지 않는 성격이기에 그녀에게만 건네는 찬사가 더욱 진정성 있게 전해지는 것이다.

캐롤은 괴팍한 멜빈에게 한 발짝 다가선다. 그의 부정적 면모 대신 장점에 한번 주목해보기로 한다. 〈출처=IMDb〉

무엇보다 멜빈은 그녀를 궁금해 하는 사람이다. '애가 있는 웨이트리스' 정도로 지나치던 그녀의 삶은 멜빈에게 세상에서 가장 멋진 여성의 이야기로 기억된다. 누군가와 연애할 때, 상대가 나를 얼마나 특별하게 여기는지는 중요한 요소다. 우주적 관점에서 보면 공허 속에서 잠시 먼지처럼 떠다니다 사라지는 것이나 다름없는 나의 인생에 기꺼이 의미를 부여해줄 사람이 바로 연인이기 때문이다.

"당신의 모든 생각과 얘기에는 깊은 뜻이 담겨 있는데 항상 솔직하고 감동적이었어요. 남들은 그걸 잘 알지 못해요. 당신이 음식을 나르거나 식탁을 치울 때 남들은 당신의 참모습을 놓쳐도 나는 당신이 훌륭한 여성이란 걸 알기에 언제나 흐뭇했어요."

연애에 있어 네거티브 스크리닝을 할 것인가, 포지티브 스크리닝을 할 것인가

연애 상대를 발견하는 과정을 네거티브 스크리닝(negative screening)과 포지티브 스크리닝(positive screening)으로 나눌 수 있을 것이다. 부정적 요소가 발견될 때마다 상대를 인생에서 걸러내는 것이 네거티브 스크리닝이라면, 내가 긍정적으로 여기는 요소에 적극적으로 가점을 부여해 그를 받아들이는 것은 포지티브 스크리닝이 될 것이다.

네거티브 스크리닝을 적용하면 절대 누군가의 짝이 될 수 없을지도 모를 독설가 멜빈은 캐롤의 포지티브 스크리닝을 통해 한 사람의 옆에 설 수 있게 됐다.

연애를 시작한 다음에도 우리는 네거티브 스크리닝과 포지티브 스크리닝의 갈림길에 자주 서게 될 것이다. 물론 연애는 모두 개인적인 것이라 남들이 모르는 사정이 가득하지만, 그래도 한 번 더 긍정적인 면에 초점을 맞춰보라는 게 이 영화의 메시지다.

허공에 대고 "왜 난 나를 힘들게 하지 않는 평범한 남자친구를 가질 수 없는 거죠?"라고 묻는 캐롤에게 그의 모친이 건네는 답변은 짧지만 무게감이 있다. "누구나 원하지만 그런 사람은 없어." 결국 연애도 우정도 상대가 완벽은 고사하고 어딘가에 정상적이지 않은 부분을 지녔을 것이란 전제를 갖고 있어야 순탄하게 진행된다.

내 옆의 사람이 이상한 사람이란 것을 받아들였을 때 우리는 그에게 미쳐 있는지도 몰랐던 매력을 발견하게 될 수 있다. 캐롤의 기다림이 멜빈을 좀 더 상냥한 이웃으로, 그리고 좀 더 멋진 남자로 만들었듯 말이다.

※ 고민 있는 날, 씨네프레소 한 잔

캐롤이 원한 남자친구는 평범한 사람입니다. 그러나 삶의 모든 영역에서 '평범함'이란 기준을 맞출 수 있는 사람은 없습니다. 연애는 상대방의 평범하지 않은 부분을 받아들이는 과정을 포함합니다. 그러는 동안 그의 '평범하지 않음'에서 나오는 매력도 발견하게 될지 모릅니다.

부록1. 취향저격 영화 선택 가이드

우리는 실패에 대한 두려움을 안고 삽니다. 후회 없는 선택을 위해 정보의 바다를 표류합니다. 영화나 드라마를 고를 때도 마찬가지죠. 당연한 일입니다. 짧은 인생의 소중한 2시간을 투자하고서 재미도, 감동도, 교훈도 건지지 못하는 건 괴로운 일이니까요.

어린 시절, 저는 '후회 없는 한 편'을 고르기 위해 각종 영화잡지를 사 읽었습니다. 잡지를 들자마자 펼친 건 한 줄 평만 모아둔 페이지였지요. 평론가들이 높은 별점을 준 작품을 위주로 감상하다보면, 취향과 맞을 때도 있었고, 영 아닐 때도 있었습니다. 그런 경험을 쌓아가며 나와 취향이 닮은 리뷰어를 알게 되고, 이를 통해 실패 확률을 줄여가는 여정이었습니다.

요즘에는 관객의 선택을 돕는 다양한 도구가 등장하며 입맛에 맞는 작품을 고르기가 점점 편해지고 있습니다. 영화에 있어 잡식성인 저는 감독, 배우, 제작사 등 끌리는 부분이 한 군데라도 있으면 일단 보자는 주의입니다만, 어떨 때는 선택에 필요한 판단 근거가 부족하다고 느껴 실패 확률을 줄여줄 도구를 찾습니다. 주로 왓챠피디아와 로튼토마토를 활용합니다. 이번 책에도 작품 정보에 두 서비스의 별점과 토마토지수, 팝콘지수를 인용했습니다.

빅데이터와 인공지능(AI) 기술이 발달하면서 관객 취향 분석 서비스도 정교해지고 있습니다. 한국 영화광은 왓챠피디아를 많이 사용하는데요. 사용자가 특정 작품을 본 뒤, 별점을 몇 점이나 줄지 예측해 준다는 게 특징입니다.

예상평점을 보기 위해선 데이터를 먼저 입력해야 합니다. 유저가 기존에 감상한 영화에 스스로 매긴 별점이 예상평점의 근거 자료가 됩니다. 평가 작품이 많아질수록 예상별점이 보다 정확해집니다.

사용자의 작품 평가 개수가 충분히 쌓이면 알고리즘은 해당 정보를 분석해서 사용자가 새로운 작품에 매길 별점을 예측합니다. 같은 감독 영화를 지속적으로 호평한 경우, 해당 감독 신작의 예상별점도 높기가 쉽겠죠. 평가 작품의 장르, 감독, 배우 등이 알고리즘 분석 대상이 됩니다.

왓챠피디아 분석에 따르면 저는 송강호, 하정우, 톰 크루즈 출연작, 크리스토퍼 놀란, 봉준호, 데이빗 핀처 연출작, 드라마, 코미디, 액션 장르를 선호하는데요. 송강호 주연, 봉준호 연출의 드라마 〈기생충〉에 대한 제 예상별점이 높을 것임은 어렵지 않게 추측할 수 있습니다. 왓챠피디아는 제가 줄 별점으로 4.5점을 예상했고, 저는 5.0점 만점을 줬네요. 해당 작품에 회원들이 준 평균 별점이 4.3점으로, 호평이 많다는 점도 영향을 미칩니다.

반대의 경우로 남들이 다 좋다는데 본인 취향과는 맞지 않는 영화를 피할 때도 참고할 수 있습니다. 〈어거스트 러쉬〉의 경우 71만 명의 회원이 평균 3.9점을 줬고, 제 예상별점은 3.0으로 나오는데요. 영화를 실제로 본 후 제가 기록한 별점은 예상별점보다 낮았습니다.

◇ 평론가·관객 평가 모두 보고 싶다면 '로튼토마토'

물론 알고리즘에 의한 예상별점 도출엔 한계가 있습니다. 영상 콘텐츠는 플롯, 연기, 음악, 대사, 배우, 조명 등 여러 요소의 조합으로 만들어지는데, 이 모든 측면을 기계적으로 고려해 관객 평가를 예측하는 데는 어려움이 있기 때문이죠. 그래서 많은 관객이 타인의 평점을 참고하는데요. 왓챠피디아, 네이버, 다음, IMDb, 메타크리틱 등 여러 서비스에서 먼저 감상한 이들의 평가를 확인할 수 있습니다. 다만, 각 플랫폼 별로 이용자 차이가 있는 만큼 본인 성향에 맞는 서비스를 찾는 게 중요하겠죠. 네이버와 다음은 다수 한국인이 쓰기에 대중 전반의 평가를 확인할 때 유용하다면, 왓챠피디아는 아무래도 영화·드라마 마니아가 주로 쓰는 플랫폼이라 영화를 많이 본 사람들의 평가를 보기 좋습니다.

영화 마니아와 일반 대중 평가를 한눈에 비교하고 싶다면 로튼토마토가 편리합니다. 로튼토마토는 토마토지수와 팝콘지수 두 가지를 보여주는데요. 토마토지수의 경우 작품에 평점을 준 개별 평론가의 리뷰가 호평과 악평 중 어떤 것에 더 가까운지를 판단하고, 호평의 비율을 나타냅니다. 100%에 가까울수록 호평이 더 많다는 의미입니다. 팝콘지수는 일반 회원들이 남긴 평가에서 호평의 비율을 보여 줍니다. 로튼토마토는 평가 체계가 정교하지 못하다는 점이 단점으로 꼽히기도 하는데요. 그럼에도 작품이 '볼 만하다'고 여기는 평론가와 일반 관객의 비율이 어느 정도인지 직관적으로 보기에는 유용한 사이트입니다.

왓챠피디아와 로튼토마토를 함께 활용할 수도 있습니다. 본인의 예상 별점과 평론가·대중의 평가를 같이 살펴보는 거죠. 2023년 4월 20일 기준 〈에브리씽 에브리웨어 올 앳 원스〉는 왓챠피디아 유저 평균 점수가 4.3점이고, 제 예상별점이 4.2점입니다. 로튼토마토 토마토지수는 94%이고, 팝콘지수는 86%죠. 실 관람 후 저는 왓챠피디아에 이 영화를 만점으로 평가했습니다. 물론 두 서비스 모두 제 평점이 다수의 평가와 비교해 극단적으로 낮은 경우를 거르는 데는 별 도움이 되지 않았습니다.

◇ 평가 사이트는 거들 뿐

실패 확률을 최소화하기 위해 모든 도구를 동원해서 결국 영화 한 편을 골랐다면, 이제 자신과 영화만 남습니다. 영화와 마주한 당신은 앞서 참고한 정보가 모두 무의미했음을 발견할지도 모릅니다. 자기 입맛에 맞을 줄 알았는데 정반대라 괴로운 경우도 있을 것이고, 본인 취향이 아니라 예상했는데 실제로는 인생 명작과 조우하는 황홀한 경험도 있습니다. 오늘도 우리는 내 울타리 바깥에 흩어져 있던 작품들을 나의 취향으로 편입하는 멋진 만남을 위해 영화와 대면합니다.

부록2. OTT별 작품 추천

넷플릭스, 왓챠, 웨이브, 티빙, 디즈니플러스 등 OTT(온라인 동영상 서비스)가 비슷한 작품 라인업을 갖추고 있다면, 소비자의 선택은 훨씬 수월했을 것입니다. 가격만 비교하면 되니까요. 하지만 OTT는 저마다 특색을 바탕으로 영화와 드라마를 서비스하고 있어 우리의 결정 장애를 유발합니다. 다행인 것은 OTT는 1~3년 단위 약정으로 우리 발을 묶어두지 않는다는 점입니다. 플랫폼 별 특징과 신작 라인업만 파악한다면, 월마다 이리저리 오가며 보다 풍성한 영화·드라마 감상을 즐길 수 있습니다. OTT별 특성과 추천 작품을 정리해 봤습니다.

◇ 오리지널 최강자 '넷플릭스'

글로벌 1위 OTT 사업자 넷플릭스는 오리지널 최강자입니다. 2023년 2월 넷플릭스에 따르면 이 회사는 지난 5년 간 매출 절반에 달하는 600억 달러(78조 원) 이상을 콘텐츠에 투자했습니다. 투자액이 천문학적이니 오리지널 영화·드라마의 양과 질도 압도적입니다. 넷플릭스 오리지널을 쭉 따라가는 것만으로도 인생의 상당한 시간을 투입해야 합니다.

서비스가 안정적이라는 것도 강점입니다. 아무리 느린 인터넷 환경에 있어도 작품을 버퍼링 없이 볼 수 있게 하는 시스템이 잘 갖춰져 있습니다. 자막을 다채롭게 제공하기에 이동하면서 보는 것도 편합니다.

다만, 사용자 취향을 평가하는 데는 부족함이 많습니다. 넷플릭스는 〈나의 해방일지〉와 제 취향 일치 정도를 61%로 제시했는데, 제겐 2022년 감상한 드라마 중 최고의 작품이었습니다. 이용자가 기존에 평가한 작품 목록을 다시 확인하기도 어렵습니다.

• 〈버드 박스〉: 높은 몰입도로 출발해 쭉 같은 텐션을 유지하는 진정한 '용두용미'

• 〈결혼 이야기〉: 상처 주려고 작정한 커플의 가시 돋친 대화 사이에 묘한 위로가 전해진다

• 〈수리남〉: 글로벌 스케일로 노는 '비스티 보이즈'가 벌이는 '범죄와의 전쟁'

• 〈언컷 젬스〉: 에너지 넘치는 주인공을 보며 '제발 좀 무기력해지길' 바라게 된다

• 〈소년심판〉: 소년범을 혐오하는 판사, 소년법을 사유하다

• 〈퀸스갬빗〉: 이토록 우아한 체스

• 이 밖의 추천작: 〈웬즈데이〉, 〈킹덤〉, 〈오징어게임〉, 〈인간수업〉, 〈D.P.〉, 〈지옥〉, 〈블랙 미러〉, 〈길복순〉

◇ 콘텐츠 제국 디즈니가 만든 '디즈니+'

디즈니+(플러스)는 월드디즈니컴퍼니의 OTT입니다. 산하에 마블스튜디오, 20세기스튜디오, 루카스필름, 픽사 등을 두고 있는 엔터테인먼트

제국의 서비스인 만큼 영화 · 애니메이션 · 드라마 · 다큐멘터리 등 제공하는 콘텐츠 풀이 넓습니다. 최민식 · 손석구 주연 〈카지노〉를 비롯해 한국 제작 오리지널도 늘려가고 있습니다.

- 〈라스트 듀얼: 최후의 결투〉 : 불쌍한 피해자인 나, 누군가에겐 비겁한 가해자일 수도 있다
- 〈곰돌이 푸 다시 만나 행복해〉 : 길을 잃은 내게 옛 친구가 찾아왔다
- 〈크로니클〉 : 강한 것이 곧 축복은 아니다
- 〈코코〉 : 애 앞에서 울기 싫다면 재우고 보는 것도
- 〈포드 v 페라리〉 : 질주하는 두 남자의 열정, 관객마저 달아오르게 한다
- 이 밖의 추천작: 〈업〉, 〈주토피아〉, 〈도리를 찾아서〉, 〈토이스토리 (1~4)〉, 〈온워드: 단 하루의 기적〉, 〈판타스틱 MR. 폭스〉

◇ 아이와 어른 모두 좋아하는 '웨이브'

지상파 방송 3사와 SK텔레콤이 합작해 설립한 OTT입니다. 'Over The Top'을 줄인 OTT의 의미가 '셋톱박스(Top)를 뛰어 넘는다'란 점을 감안할 때, 국내에선 OTT란 수식에 가장 가까운 서비스일 수 있겠습니다. 다시 말해, 여전히 국내에는 IPTV와 OTT를 함께 보는 가정이 많은데, 이는 OTT만 썼을 때, 한국인이 좋아하는 지상파 3사 프로그램을 즐기기 어려운 점과 관련 있습니다. 반면, 웨이브는 지상파 3사를 비롯한 다양한 실시간 방송을 제공할 뿐 아니라, 지상파 프로그램 다시보기까지 서비스하니 부모와 자녀 세대를 두루 만족시킬 만한 플랫폼이라고 할 수 있겠죠.

- 〈약한영웅 Class 1〉 : 가해자와 피해자, 방관자가 뒤섞인 학교폭력 문제를 섬세한 연출로 살펴보다
- 〈동백꽃 필 무렵〉 : 로맨스와 스릴러를 버무린 이야기꾼의 손맛

◇ CJ ENM과 JTBC 프로그램 팬이라면 '티빙'

한국의 디즈니를 표방하는 CJ ENM의 자회사입니다. tvN, 엠넷 등 젊은 세대가 선호하는 채널 프로그램을 보기에 유용합니다. 글을 쓰는 2023년 4월 기준으로 '넷플릭스엔 없는 4월의 프로그램'이란 타이틀로 〈유 퀴즈 온 더 블럭〉, 〈서진이네〉, 〈뿅뿅 지구오락실〉, 〈보이즈 플래닛〉 등을 제공하고 있습니다. 여기에 〈부부의 세계〉, 〈나의 해방일지〉 등 히트 드라마를 꾸준히 내고 있는 JTBC까지 합류하며 지상파 프로그램 위주의 웨이브와 경쟁 구도를 형성하고 있습니다. 티빙 오리지널로 공개한 〈유미의 세포들〉과 〈아직 최선을 다하지 않았을 뿐〉 등이 호평받는 등 오리지널 경쟁력도 높아지고 있습니다. CJ ENM과 JTBC 계열 실시간 방송도 볼 수 있습니다.

- 〈부부의 세계〉 : 붕괴 직전 세계를 보며 느끼는 공포, 먼저 붕괴시킬 때 느끼는 카타르시스
- 〈비밀의 숲(시즌1)〉 : 한드에서 미드의 퀄리티를 보여준 출발점 같은 작품
- 〈우리들의 블루스〉 : 멀리서 보면 휴양지, 가까이서 보면 전쟁터인 삶

◇ 씨네필의 안식처 '왓챠'

영화광이라면 왓챠만큼 포근하게 느껴지는 OTT도 없을 겁니다. 특히, 공개된 지 꽤 된 작품을 갖추는 데 공을 들인 흔적이 역력합니다. 예를 들어, 2023년 4월 20일 기준 마틴 스콜세지로 검색하면 〈택시 드라이버〉(1976)부터 〈사일런스〉(2016)까지 14편의 장편 연출작을 볼 수 있습니다. 장 뤽 고다르로 검색했을 때도 연출작으로만 4편을 찾을 수 있습니다. 봉준호 연출작도 〈프레임 속의 기억들〉(1994), 〈지리멸렬〉(1994) 같은 과거 단편 작품까지 제공합니다. 특정 감독, 또는 배우의 작품을 데뷔 초부터 샅샅이 공부하듯 감상할 때, 왓챠만한 플랫폼은 없는 셈입니다. 박찬욱 감독 〈리틀 드러머 걸: 감독판〉, HBO의 〈이어즈&이어즈〉 등 한동안 국내엔 왓챠를 통해서만 공개하기로 한 익스클루시브 작품도 여럿입니다. 다만, 아직 오리지널 콘텐츠가 다양한 편은 아닙니다.

• 〈좋좋소〉: 어디 가서 말 못 할 부끄러운 회사 모습, 수치스러울 정도로 리얼하게 그렸다

◇ OTT 보면 로켓배송이 공짜 '왓챠플레이'

쿠팡플레이는 로켓배송 월정액에 딸려 오는 부가 혜택 정도로 여겨졌습니다. 지금은 쿠팡플레이를 보면 로켓배송을 무료로 쓸 수 있다고 생각될 정도로 OTT 자체 경쟁력이 높아졌지요. 특히, 영화 작품을 다양하게 갖추고 있습니다. 쿠팡을 쓰는 씨네필이라면 굳이 다른 OTT를 결제하는 것이 고민될 정도입니다. 가끔 국가대표 스포츠 경기도 중계할 정

도로 서비스 범위가 넓습니다. 다만, 아직 〈SNL 코리아〉, 〈안나〉 등 몇몇 작품을 제외하곤 확실한 존재감을 발휘한 오리지널 콘텐츠가 부재합니다.

◇ 양보다 질 '애플TV+'

양보다 질에 집중하는 애플TV+는 애플 제품을 통해 감상했을 때 OTT로 경험 가능한 최고 수준의 화질을 제공합니다. 2023년 4월 20일 기준 요금도 월 6500원으로 합리적이며, 패밀리 계정에 최대 6명을 등록할 수 있다는 것도 강점입니다. 다만, '양보다 질'을 내세우는 만큼 아직 전반적으로 라인업이 충분하진 않다는 평가입니다.

- 〈파친코〉: 소설을 한 장 한 장 넘기는 듯, 밀도 높은 스토리텔링